はじめに

　本書は、世界最大のニュース専門テレビ局CNNの放送から、2011年を代表するような英語ニュースを10本選りすぐって収録したものです。1本はおよそ3分ほどの長さで、出来事を知るのに程よくまとまった情報量になっています。初中級者でもリスニングの集中力が途切れない程度の長さ、ともいえるでしょう。

　付録のCDには、CNNの放送音声がそのままパッケージされています。リポートする記者の声に含まれた緊張や喜び、その背景から聞こえてくる現場の歓声や怒号など、「つくりもの」の教材からは決して得られないライブ感が伝わってきて、思わず耳を傾けてしまうはずです。

　10本のニュースの発信地は、アメリカ、ヨーロッパ、中東、アジアと多様です。したがって、アメリカ英語だけでなく、イギリス英語や他の英語にも触れることができます。なかには、最初は聞き取りにくいと感じる英語があるかもしれませんが、何度か繰り返して聞いているうちに慣れて、グローバル時代にふさわしいリスニング力が身につくことでしょう。

　とはいえ、リスニング練習は、あまり内容を理解しない状態で聞き流しても高い効果は望めません。本書は英語トランスクリプト（音声を文字化したもの）に日本語対訳を掲載していますので、適宜それらを参考にしてください。また、詳しい語注も付いていますから、辞書なしで学習ができ、初中級者でも効率よく英語力をアップできます。

　また、巻末には語注をアルファベット順にまとめた「ボキャブラリー・チェック」を設けてあります。世界的テレビ局で使われている「本当の時事英語」がここにあふれています。ぜひご活用ください。

　最後に、本書収録のコンテンツは月刊英語学習誌『CNN English Express』の記事・音声を再編集したものであることをお知らせしておきます。新鮮なニュースと役立つ学習情報満載の雑誌は、本書と並行してご使用いただいても有益です。

2012年2月
『CNN English Express』編集部

● CD 収録時間：28 分57 秒

[表紙写真クレジット]（左上から順に）
英国ロイヤルウエディング：AP / アフロ
東日本大震災：AP / アフロ
ウォール街を占拠せよ：Bloomberg / Getty Images
なでしこジャパン：FIFA via Getty Images
アラブの春：Getty Images
ノルウェー連続テロ事件：ロイター / アフロ
イギリス暴動：ロイター / アフロ
福島原発事故：ロイター / アフロ
北朝鮮・金正恩体制へ：AP / アフロ
ビンラディン殺害：ロイター / アフロ

● 本書の収録コンテンツは月刊英語学習誌『CNN English Express』の記事・音声を再編集したものです。
● 『CNN English Express』についての詳しい情報は下記をご覧ください。
　パソコンから　http://ee.asahipress.com/
　ケータイから　http://asahipress.jp/
● CNN の番組視聴については下記をご覧ください。
　　　　　　　http://www.jctv.co.jp/cnnj/
● CNN のニュースをネットで読むには下記へアクセスしてください。
　英語サイト　　http://www.cnn.com/
　日本語サイト　http://www.cnn.co.jp/

CNN name, logo and all associated elements TM and © 2012 Cable News Network. A TimeWarner Company. All rights reserved.

CONTENTS 目次

- はじめに —— 01

長期独裁政権が崩壊した「アラブの春」 —— CD Track02-04　05

大津波が被害を深刻化させた「東日本大震災」 —— CD Track05-07　13

史上最悪のレベル7に至った「福島原発事故」 —— CD Track08-10　21

世界20億人が見守った「英国ロイヤルウエディング」 —— CD Track11-13　29

9・11同時多発テロから10年「ビンラディン殺害」 —— CD Track14-16　37

世界一という花を咲かせた「なでしこジャパン」 —— CD Track17-20　45

移民政策への反発が生んだ「ノルウェー連続テロ事件」 —— CD Track21-23　55

数千人もの逮捕者を出した「イギリス暴動」 —— CD Track24-26　63

経済格差への抗議運動「ウォール街を占拠せよ」 —— CD Track27-29　71

金正日総書記が死去「北朝鮮・金正恩体制へ」 —— CD Track30-32　79

- ボキャブラリー・チェック —— 86
- 電子書籍版(PDF)の入手方法 —— 95

03

Out of Patience

長期独裁政権が崩壊した「アラブの春」

2010年12月18日の一青年の焼身自殺に端を発したチュニジアの革命。それに触発され、2011年1月25日にはエジプトでも反政府デモが始まった。そして、フェイスブックやツイッターなどで若者を中心に参加者を増やし、ついに2月11日、30年にわたり強権政治を敷いてきたムバラク大統領を退陣に追い込んだ。

この民主化運動は「アラブの春」として、政府の腐敗、貧富の差、高失業率など、エジプトと同じ問題を抱える周辺の中東諸国にも飛び火し、拡大した。

写真：Getty Images

Track 02

Out of Patience

■エジプトの「100万人デモ」

It was billed as a "million Egyptian march." And whether it was a million or something else, it was a resounding confirmation that the once subdued population of Egypt has finally found its voice. Eighty-two-year-old President Hosni Mubarak is clinging stubbornly to power. He's shut down the railroads, the Internet, banks, schools and universities in what appears to be a largely futile attempt to stifle dissent.

"We know now that President Mubarak has a thick skin. But we have sharper nails." (Protester)

Until a little over a week ago, antigovernment rallies were poorly attended, the protesters far outnumbered by the police. Now the police are gone, and the numbers of protesters has multiplied by tens of thousands, bringing middle-class professionals into the streets for the first time—people like Maha Haggag, a doctor, and her son Mohammed.

---

patience:《タイトル》忍耐、我慢	**once:** かつて、以前は	**stubbornly:** 頑強に、断固として
bill A as B: AをBとうたう、宣伝する	**subdued:** 大人しい、控えめな	**shut down:** ~を閉鎖する、遮断する
march: 行進、デモ行進	**population:** (一定地域の)全住民、人々	**appear to be:** ~であるように見える、思われる
resounding: 明白な、決定的な	**find one's voice:** 思い切って言う、声を上げる	**largely:** 大部分は、大体は
confirmation: 確証、裏づけ	**cling to:** ~に固執する、しがみつく	**futile:** 無駄な、効果のない

長期独裁政権が崩壊した「アラブの春」

　それは「エジプト100万人デモ」とうたわれました。100万人であろうと何人であろうと、これは、今まで言いたいことを言わずにいたエジプト国民が、ついに声を上げられるようになったということの明白な証拠となりました。82歳のホスニ・ムバラク大統領は、かたくなに権力にしがみつこうとしています。大統領は鉄道を封鎖し、インターネットを遮断し、銀行や学校や大学を閉鎖しましたが、政府への反対意見を抑え込むための試みとしては、効果がほとんどなかったように見えます。

　「これでムバラク大統領の面の皮が厚いことは分かった。だけど、われわれの爪はそれ以上に鋭いからね」（抗議者）

　1週間あまり前までは、反政府集会にはあまり参加者がおらず、警官の数のほうが抗議者の数をはるかに上回っていました。今や警官の姿は消え、抗議者の数は何万倍にも膨れ上がっています。しかも、専門職に就いている中流階級の人々が初めてデモに参加しているのです——たとえば、医師のマハ・ハガグさんと息子のモハメドさんのような人々です。

---

attempt: 試み、努力
stifle: （反乱などを）抑える、抑制する
dissent: 異議、反対意見
have a thick skin: 神経が図太い、面の皮が厚い
antigovernment rally: 反政府集会
protester: 抗議者
poorly: 乏しく、不十分に
attend: 〜に出席する、参加する
far: はるかに、ずっと
outnumber: 〜より数が多い
gone: いなくなった、姿を消した
the numbers of: ▶the number of が正しい。
multiply by: 〜をかける、〜倍する
middle-class: 中流階級の、中産階級の
professional: 専門職、知的職業人

Track 03

Out of Patience

■デモ参加者は宗教を超えて結束

"Maybe he doesn't understand the language of his people, so I am telling him in English, 'Please go away.'" (Maha Haggag, Protester)

"Yes. Please leave, grandpa. He is older than my grandpa. Thirty years he is ruling. I am 23 years old. I didn't see another president. This is too much. He doesn't understand us. We are the youth. He doesn't understand us." (Mohammed Ali Haggag, Protester)

The protesters were keen to stress the theme of national unity. Here a Christian priest and a Muslim imam are carried above the crowd, calling on Mubarak to leave.

This is people power like the Arab world has never, ever seen it. And it's people power that Washington is ignoring at its own risk. Increasingly, there's criticism of the United States for not taking a stand. It's been accused of fumbling through a crisis, pitting an aging, American-backed autocrat against a largely peaceful mass movement demanding democracy.

---

grandpa: おじいちゃん	**theme:** 主題、テーマ	**Muslim:** イスラム教の、イスラム教徒の
rule: 支配する、統治する	**national unity:** 国の結束、挙国一致	**imam:** (イスラム教の) 導師、指導者
the youth: 若者たち、若者層	**Christian:** キリスト教の ▶ここでいうキリスト教とは、エジプト人口の約1割を占めるコプト正教会のこと。	**crowd:** 群衆、大勢の人々
be keen to do: しきりに〜したがっている		**call on...to do:** …に〜することを要求する
stress: 〜を強調する、重視する	**priest:** 司祭、牧師	**never, ever:** 絶対に〜ない、決して〜ない

長期独裁政権が崩壊した
「アラブの春」

　「たぶん大統領には自国民の言葉が通じないんです。だから、私は英語で言っているんですよ、『どうぞ辞任してください』って」（マハ・ハガグ　抗議者）

　「そうだ。どうか、じいさんは消えてくれ。彼は僕の祖父よりも年上なんだ。もう30年も支配している。僕は23歳だけど、ほかの大統領を見たことがないよ。もうたくさんだ。彼には僕たちのことなんか分からない。僕たちは若いんだ。彼には理解できない」（モハメド・アリ・ハガグ　抗議者）

　抗議者たちがさかんに強調したのは、国の結束というテーマです。こちらではキリスト教の司祭とイスラム教の指導者が群衆の肩にかつがれ、ムバラクの退陣を要求しています。

　これは、アラブ世界がいまだかつて目にしたことのないような民衆の力です。そしてアメリカ政府は、その民衆の力を無視していますが、このまま無視し続けるのは危険です。次第に、立場を明確にしないアメリカに対する批判が高まっています。アメリカは、このエジプト危機において対応にまごついたことで、アメリカが支持してきた高齢の独裁者と、民主化を求めるおおむね平和的な大衆運動が衝突する事態を招いたとして非難されているのです。

Washington: アメリカ政府 **ignore:** 〜を無視する、黙殺する **at one's own risk:** 自己責任で、危険覚悟で **increasingly:** ますます、だんだん **criticism:** 批判、非難	**take a stand:** 態度を明確にする、立場を公言する **be accused of doing:** 〜したとして非難される **fumble:** まごつく、対応し損なう **pit A against B:** AとBを闘わせる、対抗させる	**aging:** 年老いた、高齢の **-backed:** …に支持された、支援された **autocrat:** 独裁専制君主、独裁者 **mass movement:** 大衆運動 **demand:** 〜を強く求める、要求する

Track 04

Out of Patience

■対応の遅さを非難されるアメリカ

"They are acting too slow. I mean, I don't know. Are they taken aback? They...they have no alternative plan? I can't believe it; it's the United States." (Nagla Nassar, Protester)

Washington's strategic interests may be keeping the U.S. from abruptly ending decades of support for Mubarak. But for the protesters, the final break has well and truly come, from the only ruler most have ever known.

"Leave Egypt, Mubarak. You've already...We...we've reached the downfall of Egypt. We've never ha...we've hit rock bottom. So, honestly, leave. Get the hell out of here and leave." (Marwa Thabit, Protester)

No ambiguity here.

Ben Wederman, CNN, Cairo.

Aired on February 2, 2011

act:	strategic:	abruptly:
行動する	戦略的な、戦略上の	突然、不意に
I mean:	interests:	end:
つまり、言いたいのは	利益、権益	～を終わらせる、やめる
be taken aback:	keep...from doing:	decade:
驚く、びっくりする	…に～させない、…が～するのを防ぐ	10年間
alternative plan:		support:
代案、代替案		支持、支援

長期独裁政権が崩壊した「アラブの春」

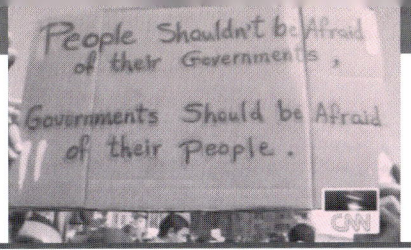

　「アメリカは対応が遅すぎますよ。つまり、一体どういうことなんでしょう。アメリカにとっては予想外だったということなんでしょうか。代案もないのかしら。信じられません、あのアメリカが」(ナグラ・ナサール　抗議者)

　アメリカ政府にしてみれば、戦略的利益上、数十年にわたるムバラク氏への支持を突然やめることはできないのかもしれません。しかし、抗議者たちにとっては、ついに決別の時が間違いなくやって来たのです、彼らの大半が知る唯一の支配者との。

　「エジプトから出て行け、ムバラク。あなたはもう……エジプトはもうおしまいよ。エジプトは決して……エジプトはどん底だわ。だから、本当にもう出て行って。とにかく、とっととエジプトから出て行け」(マルワ・タビット　抗議者)

　ここに集まっている人々の主張は明確です。
　CNNのベン・ウィーダマンがカイロからお伝えしました。

(2011年4月号掲載)(訳　安野玲)

---

break from:
～との決別、絶交
well and truly:
完全に、疑いようもなく
ruler:
支配者、統治者
most:
大部分の人たち、大半の人
reach:
(状態などに)至る、達する
downfall:
滅亡、崩壊
hit rock bottom:
どん底に落ちる、最悪に至る
honestly:
《間投詞的》本当に、まったく
get out of:
～から出て行く、去る
the hell:
《卑俗な強意語》絶対に、とにかく
ambiguity:
あいまいさ、不確かさ

Grim Realities

大津波が被害を深刻化させた「東日本大震災」

2011年3月11日に東日本を襲った巨大地震は大津波をもたらし、その結果、福島第一原子力発電所では、非常用ディーゼル発電機が故障、原子炉に冷却水を送れず、放射性物質を大量に放出する大事故につながった。

だが、津波の危険性は地震学者によって2年前に指摘されていた——。「西暦869年に同じ地域を地震と壊滅的な津波が襲った証拠がある」として、東京電力に警告したという地震研究者にCNNの記者が取材した。

写真：AP/アフロ

Grim Realities

■2年前に警告されていた津波の危険性

　The destruction a tsunami can wreak on a nuclear power plant is clear. What's not clear is whether the owners of Japan's Fukushima plant could have predicted this. One seismic researcher says yes, telling CNN he warned TEPCO two years ago that there was evidence of an earthquake and destructive tsunami in the same area in the year 869. He asked a safety committee to consider this when deciding how to protect the plant.

　"Data on tsunamis can be found in layers of the earth, and my institute has been researching this. Based on this data, it indicates that there was a huge tsunami that occurred previously. That's why I asked the question." (Yukinobu Okamura, Seismologist)

---

grim reality:
《タイトル》厳然たる事実、過酷な現実
destruction:
破壊
wreak A on B:
A（危害など）をBに加える
nuclear power plant:
原子力発電所、原発

clear:
明らかな、はっきりした
predict:
～を予想する、予測する
seismic:
地震の
researcher:
調査員、研究者
warn...that:
…に～だと警告する、注意する

TEPCO:
= Tokyo Electric Power Company, Incorporated　東京電力株式会社、東電
evidence:
証拠、形跡
earthquake:
地震
destructive:
破壊的な

大津波が被害を深刻化させた「東日本大震災」

　津波が原子力発電所にもたらしうる壊滅的な被害は明らかです。明らかでないのは、日本の福島にある原発の所有者に、それが予測できたかどうかです。ある地震研究者は、できたはずだと言います。彼がCNNに語ったところでは、869年に同じ地域を地震と壊滅的な津波が襲った形跡があることを、2年前に東京電力に警告したということです。彼は、原発の安全確保の方法を決める際に、このことを考慮に入れるよう原子力安全委員会に求めました。

　「津波のデータは地層から得られます。当センターでは、そうした研究を行ってきました。そのデータに基づけば、以前にも巨大津波が起きていたことが分かります。だから私は疑問を呈したんです」（岡村行信　地震学者）

in the year 869:
▶福島第一原発の一帯は、869年に貞観（じょうがん）地震に伴う大津波で壊滅的な被害を受けた。
safety committee:
安全委員会、保安委員会
consider:
〜を考慮に入れる
decide:
〜を決める、決定する
protect:
〜を守る、保護する
layer of earth:
地層
institute:
研究機関、研究所
research:
①〜を研究する　②研究
based on:
〜に基づいて、〜に基づくと
indicate that:
〜ということを示す、指摘する
huge:
大規模な、巨大な
occur:
起こる、発生する
previously:
以前に
seismologist:
地震学者

Grim Realities

■政府から情報開示と透明性を求められた東電

　Okamura, who heads up a national research institute, says that TEPCO instead decided to focus on a 1938 earthquake in which one person died. And he says that they barely mentioned the word *tsunami* throughout the whole meeting. TEPCO has not responded as yet to Okamura's allegations. And although they hold press conferences day and night, direct questions are rarely met with direct answers.

　At this press conference, reporters repeatedly asked why there were no preparations for such a big tsunami to hit and called on TEPCO to apologize. The Japanese government has told TEPCO to be open and transparent so as not to lose the public's trust. But the government itself has not escaped criticism: 58 percent do not approve of the way they have handled the crisis, according to a poll by Kyodo News agency.

head up:〜を率いる、〜の長を務める	**a 1938 earthquake:**▶1938年塩屋崎沖地震のこと。	**as yet:**今までのところ、まだ
national:国立の　▶岡村氏が所属する産業技術総合研究所活断層・地震研究センターは独立行政法人。	**barely:**ほとんど〜ない	**allegation:**（不確実な）主張、申し立て
	mention:〜について触れる、言及する	**press conference:**記者会見
instead:その代わりに、それよりむしろ	**throughout:**〜の間じゅう	**day and night:**昼も夜も、連日連夜
focus on:〜に注目する、焦点を当てる	**respond to:**〜に応答する、反応する	**rarely:**めったに〜ない、まれだ

大津波が被害を深刻化させた「東日本大震災」

　岡村さんは国立研究センターのセンター長ですが、彼によると、東京電力は（869年の地震の）代わりに、死者が1人だった1938年の地震を考慮することにしたそうです。また、（原発の耐震安全性を検討する）会議の間、津波についてほとんど触れなかったということです。東京電力はこれまでのところ、岡村さんの主張には答えていません。同社は連日連夜、記者会見を開いていますが、単刀直入な質問に対して率直な回答が返ってくることは、めったにありません。

　この記者会見では、記者たちが再三にわたって、あのような大津波の襲来に対して何の備えもしていなかったのかと質問し、東京電力に謝罪を求めました。日本政府は東京電力に対して、国民の信頼を失わないよう情報を開示し、透明性を確保するよう命じました。しかし、政府自体も批判の矢面に立たされています。共同通信社の世論調査によると、（回答者の）58％が今回の原発危機への政府の対応を評価していません。

---

be met with:
〜に遭う、〜を受ける
repeatedly:
繰り返して、何度も
preparation:
準備、備え
call on...to do:
…に〜することを要求する
apologize:
謝る、謝罪する

transparent:
透明な、隠し立てのない
so as not to do:
〜しないように
the public:
一般大衆、国民
trust:
信頼、信用
escape:
〜を逃れる、免れる

criticism:
批判、非難
approve of:
〜に賛成する、〜を是認する
handle:
〜に対処する、〜を処理する
according to:
〜によると
poll:
世論調査

Track 07

Grim Realities

■理解しがたい東電の発表ミス

　This man says, "I won't forgive the government for hiding information and the tyranny of the power company." He says, "I'm protesting because the government is not taking action." But this man tells me, "I can understand the situation, because with the earthquake and tsunami combined, there was nothing they could do."

　But the public may find it harder to understand mistakes made by TEPCO, such as miscalculating the number of zeros when reporting the level of radiation in water in Reactor 2's turbine room—a level of 10 million times more radiation than normal, revised many hours later to 100,000 times, confusing an already confused public.

　Paula Hancocks, CNN, Tokyo.

Aired on March 28, 2011

forgive: ～を許す、勘弁する **hide:** ～を隠す、隠ぺいする **tyranny:** 独裁者的振る舞い、横暴	**power company:** 電力会社 **protest:** 異議を唱える、抗議する **take action:** 行動を取る、対策を講じる	**situation:** 状況、事情 **with A and B combined:** AとBが組み合わさると **make a mistake:** ミスをする、過ちを犯す

大津波が被害を深刻化させた「東日本大震災」

　この男性は、「国の情報隠ぺいも東電の横暴も許せないですね」と言います。そして、「国が行動を起こそうとしないから抗議しているんです」と言っています。一方、こちらの男性は、「状況は理解できます。地震と津波が一緒に来たんじゃ、どうしようもなかったですから」ということです。

　しかし国民は、東電が犯す数々のミスのほうが理解しがたいと感じているかもしれません。たとえば、2号機のタービン建屋内の水に含まれる放射性物質の濃度を報告する際に、桁数を間違えて計算するというミスがありました——通常の（原子炉内の水の）1000万倍の放射性物質濃度という発表が、何時間もたってから10万倍に訂正され、すでに混乱している国民をさらに混乱させることになったのです。
　CNNのポーラ・ハンコックスが東京からお伝えしました。

(2011年6月号掲載)（訳　安野玲）

miscalculate: 〜の計算を間違える　▶東電は、福島第一原発2号機タービン建屋地下で見つかった汚染水の放射性物質の濃度について、セシウム134のデータをヨウ素134と誤って吟味した。	**radiation:** 放射線、放射性物質 **reactor:** 原子炉　▶Reactor 2は、Unit 2（2号機）のこと。 **turbine room:** タービン室、タービン建屋	**revise:** 〜を訂正する、修正する **confuse:** 〜を混乱させる、困惑させる **confused:** 混乱した、困惑した

Slow Response

史上最悪のレベル7に至った「福島原発事故」

福島原発事故の評価を、国際評価尺度で最悪の「レベル7」としたのも、原子炉の炉心が「メルトダウン」していたことを発表したのも、海外の専門家よりかなり遅かった日本政府と東電。悪いニュースはわざと発表を遅らせているのか、それとも、事実を把握する能力に欠けているのか──。
政府と東電の原発事故への対応に、国民は不信感を募らせた。

写真：ロイター/アフロ

Track 08

Not to Be Believed

■悪いニュースは控えめに、しかも遅れて発表した政府と東電

　The nuclear catastrophe in Fukushima, Japan—today's headline: the government recommending more evacuations; hard to believe; 113 additional households in four districts in the city of Date. That's far beyond the mandatory exclusion zone set up for 20 kilometers around the crippled reactors. These are newly...newly designated hot spots.

　You know, separately, according to a citizens group and a French NGO, trace amounts of radioisotopes have now been found elsewhere, in children, as far as 24 miles beyond that mandatory evacuation zone. Additionally, this French NGO says it's been long warning that the allowable levels of radiation exposure set up by the government is simply too lax. And that really frames our hypothesis for tonight. This is something Anderson and I and a lot of outside experts noticed almost from day one: bad news was consistently downplayed and delayed for days, sometimes weeks, by the Japanese government or the plant operator, TEPCO.

---

nuclear:
原子力の、原子炉の
catastrophe:
大災害、大惨事
recommend:
〜を勧める、勧告する
evacuation:
避難、立ち退き
additional:
さらなる、追加の

household:
家庭、世帯
district:
地区、区域
far:
はるかに、ずっと
mandatory:
強制的な
exclusion zone:
立ち入り禁止区域

set up:
〜を設定する、設置する
crippled:
機能不全の、壊れた
reactor:
原子炉
designate A B:
AをBに指定する、選定する
separately:
単独に、別個に

史上最悪のレベル7に至った「福島原発事故」

　日本の福島で起きた原発大惨事——今日のトップニュースはこれです。日本政府は、信じがたいことですが、さらなる避難を勧めています。新たに伊達市の4地区113世帯がその対象となりました。伊達市は、損傷した福島原発の半径20キロ圏内に設定された強制的立ち入り禁止区域から遠く離れています。その113世帯が住む地点は、新たにホットスポットに指定されたのです。

　これとは別に、ある市民団体とフランスのNGO（非政府組織）によると、他の場所でですが、微量の放射性同位体が検出されたということです。しかも、子どもたちの体内から、強制的避難区域から24マイル（約39キロメートル）も離れた場所で。さらに、このフランスのNGOは、日本政府が定めた放射線被ばく量の許容値はあまりにも緩すぎると、ずっと警告してきたそうです。こうしたことから今夜、われわれは仮説を立てました。これは（番組司会者の）アンダーソンも私も、そして外部の多くの専門家もほぼ最初から気づいていたことですが、悪いニュースは常に控えめに、しかも何日も、時には何週間も遅れて伝えてきたのです、日本政府や原発を運営する東京電力は。

---

according to:
～によると
trace amounts of:
微量の
radioisotope:
放射性同位体、放射性同位元素
warn that:
～だと警告する、注意する
allowable:
許される、許容可能な

radiation:
放射線、放射性物質
exposure:
（放射線の）被ばく
lax:
緩い、手ぬるい
frame:
～を組み立てる、形づくる
hypothesis:
仮説、仮定

expert:
専門家
notice:
～に気づく、注目する
consistently:
首尾一貫して、常に
downplay:
～を控えめに扱う、軽視する
delay:
～を遅らせる、先延ばしにする

Not to Be Believed

■最悪のレベル7をなかなか認めなかった日本政府

You'll recall, on the 11th of March, tsunami waves crippled these cooling plants at the Fukushima Daiichi complex. That set off partial meltdowns and explosions in three reactors and exposing spent fuel in a fourth. Two weeks later, March 25th, Greenpeace scientists said they'd collected enough data to judge this disaster a Level 7. That's the worst kind possible.

Other experts agreed. But it took until April 12th for the Japanese government to call the partial meltdown of three nuclear reactors a Level 7 disaster. Now, as for people living nearby, the Japanese government waited until April 11th to widen its danger zone beyond 20 kilometers. That's nearly a month after the U.S. government recommended Americans living inside 80 kilometers of the plant either leave or stay indoors.

recall (that): 〜ということを思い出す	**complex:** 複合施設	**explosion:** 爆発
tsunami wave: ＝tsunami 津波	**set off:** 〜を引き起こす、誘発する	**expose:** 〜をさらす、露出させる
cripple: 〜の機能を損なわせる、〜を壊す	**partial:** 部分的な	**spent fuel:** 使用済み燃料
cooling plant: 冷却装置、冷房設備	**meltdown:** （原子炉の）炉心溶融、メルトダウン	**collect:** 〜を集める、収集する

史上最悪のレベル7に至った
「福島原発事故」

　ご存じのように、3月11日、津波によって福島第一原発の冷却装置が機能不全に陥りました。それが原因で、3基の原子炉で部分的なメルトダウンと爆発が起き、4基めの原子炉では使用済み核燃料が露出しました。2週間後の3月25日、（国際環境NGOの）グリーンピースの科学者たちは、十分なデータを集めた結果、今回の事故はレベル7と判断したと発表しました。それは原発事故で想定される中で最悪のレベルです。

　他の専門家も同意見でした。しかし、3基の原子炉で起きた部分的なメルトダウンをレベル7の事故だと日本政府がようやく認めたのは、4月12日のことでした。では、付近の住民に対してはどうかというと、日本政府が原発から半径20キロ圏外まで危険区域を広げたのは4月11日になってからでした。それは、米国政府が原発の半径80キロ圏内に住むアメリカ人に対して退避または屋内避難を勧告してから、1カ月近くも後のことです。

---

judge A B:
AをBだと判断する、判定する
disaster:
災害、惨事
the worst:
最悪の、最も悪い
possible:
可能性のある、考えられる

agree:
同意する、賛成する
it takes A for B to do:
Bが～するのにA（時間など）を必要とする
call A B:
AをBと呼ぶ、称する
as for:
～に関しては、～はどうかということ

nearby:
すぐ近くに、近隣に
widen:
～を広くする、広げる
danger zone:
危険地帯、危険区域
stay indoors:
家に閉じこもる、外出しない

Not to Be Believed

■海外の専門家との認識のズレ

And then there's this:

"We think there is a partial meltdown, but that—and as you correctly noted—that doesn't necessarily mean the containment vessel will fail." (Steven Chu, U.S. Energy Secretary)

That's Energy Secretary Steven Chu testifying before Congress on March 16th. On April 2nd, he said that, based on high l...radiation levels, 70 percent of the No. 1 reactor core had been damaged. Secretary Chu, by the way, is a Nobel-laureate physicist. Yet, the next day after this, Japan's nuclear-safety agency said the core damage was only 3 percent. And it would take until June 6th before Japanese officials would reveal that three reactors at the Fukushima Daiichi plant did in fact experience full meltdowns. A day later, the government admitted that the plant spewed out more than twice as much radiation as originally estimated.

Aired on July 1, 2011

correctly: 正しく、正確に **note:** 〜に言及する、〜を指摘する **not necessarily:** 必ずしも〜でない **containment vessel:** 格納容器 **fail:** 故障する、壊れる	**Energy Secretary:** エネルギー省長官 **testify before:** 〜の人々の前で証言する、〜で証言する **Congress:** 議会、国会 **based on:** 〜に基づいて、〜に基づくと	**core:** (原子炉の) 炉心 **damaged:** 損傷した、破損した **by the way:** ところで、ちなみに **Nobel-laureate:** ノーベル賞を受賞した **physicist:** 物理学者

史上最悪のレベル7に至った「福島原発事故」

　それから、次のような発言もありました。
　「私どもは部分的なメルトダウンが起きていると考えていますが、それは――正しくご指摘いただいたように――それだからといって、必ず格納容器が損傷するとは限りません」（スティーブン・チュー　米国エネルギー省長官）
　これはエネルギー省長官のスティーブン・チュー氏が3月16日に米連邦議会で行った証言です。4月2日、チュー長官は、放射線量の高さを考えると、1号機の炉心の70％が損傷していると語りました。ちなみに、チュー長官はノーベル賞を受賞した物理学者です。それでも、この翌日、日本の原子力安全機関は、炉心の損傷はわずか3％だと述べました。そして、6月6日になってようやく、日本の当局は明らかにすることになるのです。福島第一原発の3基の原子炉が実際には完全なメルトダウンを起こしていたことを。その翌日、政府は、当初の推定の2倍以上の放射性物質が放出されていたことを認めました。

（2011年9月号掲載）（訳　河内香織）

yet: それでも、それにもかかわらず **nuclear-safety agency:** 原子力安全機関　▶原子力安全・保安院のこと。 **damage:** 損傷、破損 **officials:** 当局	**reveal that:** 〜であることを明らかにする、公表する **in fact:** 実際には、本当は **experience:** 〜を経験する、実際に〜になる **admit that:** 〜ということを認める	**spew out:** 〜を吐き出す、噴出する **twice:** 2倍に、倍増しで **originally:** 当初に、最初に **estimate:** 〜を見積もる、推定する

Nupitals Fit for a Prince
世界20億人が見守った「英国ロイヤルウエディング」

2011年4月29日、英国ウィリアム王子とケイト・ミドルトンさんが挙式。世界で20億人が視聴したといわれる2人の結婚式では、キャサリン妃となったケイトさんのウエディングドレスに注目が集まった。花嫁の美しさや式典の華やかな雰囲気に目を奪われ、細部を見逃した人のために、CNNでは、当日キャサリン妃が身につけていた物や式のエピソードなど、ロイヤルウエディングの見どころをリポート。

写真：AP/アフロ

Nuptials Fit for a Prince

■王子が見とれたキャサリン妃のウエディングドレス姿

It's one of the most anticipated moments: when a groom sees his bride for the first time. But with all eyes on Catherine, you might not have noticed Prince William standing with his back to the congregation, wanting to be the last one to see her. He waited for his cue from his brother Harry. As she approached the final stretch, he whispered, "She's here now."

The best-kept secret, her dress, was revealed to the world and her prince. Designed by Sarah Burton for Alexander McQueen, it was the perfect mix of modern and traditional.

But there were some things you couldn't see; a blue ribbon was sewn inside the dress to represent "something blue." Her earrings were a touch of "something new"; a gift from her parents, they were custom-made with a diamond-encrusted acorn in the middle to represent the Middletons' new family crest. And surprisingly, her "something borrowed" was from the queen: a diamond-encrusted tiara called the Cartier "halo," made in 1936 for the queen mother.

---

nuptials:
《タイトル》結婚式、婚姻の儀
(be) fit for:
《タイトル》〜にふさわしい
anticipated:
期待された、待ち望まれた
groom:
新郎、花婿
bride:
新婦、花嫁
notice:
〜に気づく、注目する
with one's back to:
〜に背を向けて
congregation:
集まった人々、会衆
cue:
合図、きっかけ
approach:
〜に近づく、迫る
final stretch:
（競走などの）最後の直線コース、最後の区間
whisper:
ささやく、小声で話す
best-kept secret:
最大の秘密、一番の秘密
reveal:
〜を公開する、明らかにする

世界20億人が見守った「英国ロイヤルウエディング」

　最も期待された瞬間のひとつ、新郎が初めて新婦の姿を目にする瞬間です。しかし、みんなの目がキャサリン妃に注がれる中、みなさんは気がつかなかったかもしれませんが、ウィリアム王子は式の参列者に背中を向けて立ち、一番最後に彼女を見ようと考えていました。彼は弟のハリー王子の合図を待っていました。彼女が最後の数歩まで近づくと、ハリー王子は「来たよ」とささやきました。

　それまで最も固く守られていた秘密、つまりキャサリン妃のウエディングドレスが、世界中に、そして王子に披露されました。アレキサンダー・マックイーンのサラ・バートン氏がデザインした、モダンさと伝統が見事に調和したドレスでした。

　ですが、外からは見えない部分もありました。青いリボンがドレスの内側に縫い付けられていたのです、「何か青いもの」の象徴として。イヤリングは、ちょっとした「何か新しいもの」です。これは彼女の両親からの贈り物で、ダイヤモンドをちりばめたドングリ形の宝石を（飾り部分の）中央にたらした特注品でした。ドングリはミドルトン家の新しい紋章を表しています。そして、驚くべきことに、「何か借りたもの」は女王からの借りものでした。それはカルティエの「ヘイロー」という、ダイヤモンドをちりばめたティアラで、1936年に故皇太后のために作られたものです。

---

sew:
〜を縫う、縫い合わせる
represent:
〜を表す、象徴する
something blue:
▶欧米では、結婚式で花嫁が以下の4つのものを身につけると幸せになるといわれている。祖先、伝統などを表すsomething old（何か古いもの）、新生活を表すsomething new（何か新しいもの）、幸せな結婚生活を送っている人の幸せにあやかるsomething borrowed（何か借りたもの）、聖母マリアのシンボルカラー、つまり純潔を表すsomething blue（何か青いもの）。
a touch of:
少しの、ちょっとした
custom-made:
オーダーメイドの、特別注文の
diamond-encrusted:
ダイヤモンドをちりばめた
acorn:
ドングリ
family crest:
家紋
surprisingly:
驚いたことに、意外にも
queen mother:
皇太后

Nuptials Fit for a Prince

■エリザベス女王もご満悦

Although we couldn't hear him, the groom melted hearts around the world when he leaned over and said to his bride, "You look beautiful." Then he seemed to relax and crack a joke to his soon-to-be father-in-law, saying, "Just a small family affair."

The ceremony went off without a hitch—sorry for those of you who betted on Prince Philip falling asleep. But you may have missed the moment of nervous laughter when the prince had to wrestle Kate's ring onto her finger. Rest assured he got it on.

The happy couple left the abbey and made their way into the 1902 State Landau carriage, where it appeared Princess Catherine said to her prince, "I'm so happy." She wasn't the only one: one of the clergymen forgot all about the cameras in the abbey and did a series of cartwheels up the aisle. Even the queen was pleased: upon arriving at Buckingham Palace, she was overheard on camera saying the wedding "was amazing."

---

melt:
(心を) とろけさせる、和ませる
lean over:
身を乗り出す、体を寄せる
relax:
リラックスする、くつろぐ
crack a joke:
ジョークを飛ばす、冗談を言う
soon-to-be:
すぐに〜になる見込みの

father-in-law:
義父、しゅうと
family affair:
家族行事、身内だけの集まり
ceremony:
儀式、式典
go off:
〈事が〉進む、行われる
without a hitch:
滞りなく、順調に

bet on...doing:
…が〜するほうに賭ける
fall asleep:
眠りに落ちる、居眠りする
nervous:
神経質な、緊張した
wrestle:
〜ととっ組み合う、格闘する
rest assured (that):
間違いなく〜なので安心する

世界20億人が見守った「英国ロイヤルウエディング」

　聞き取ることはできませんでしたが、新郎が世界中の人々の心を和らげたのは、新婦の方に体を寄せ、「きれいだよ」とささやいたときでした。その後、彼はリラックスして、まもなく義父となる新婦の父にこんな冗談を飛ばしたようです、「ごく内輪だけの式ですね」と。

　結婚式は滞りなく執り行われました——（エリザベス女王の夫の）フィリップ殿下が居眠りをするほうに賭けた方は残念でした。ですが、みなさんは、王子がケイトさんの指に指輪をはめるのに苦労しなくてはならなかったとき、一部の参列者が緊張にひきつった笑いを浮かべた瞬間を見逃したかもしれませんね。どうぞご安心を、王子はちゃんと指輪をはめることができましたので。

　幸せな2人はウェストミンスター寺院を出て、1902年製の儀式用ランドー馬車に乗り込みました。そこでキャサリン妃は、王子に「とても幸せよ」と言ったように見えました。幸せなのは彼女だけではありませんでした。牧師のひとりは、寺院に設置されていたカメラの存在をすっかり忘れて、側廊で何回か側転をしました。女王でさえ喜んでいました。バッキンガム宮殿に到着したとき、結婚式は「とても素晴らしかった」と女王が言ったのをカメラ（のマイク）が拾っています。

---

abbey:
大修道院、大寺院
make one's way:
進む、向かう
State Landau carriage:
儀式用ランドー馬車
it appears (that):
〜のように見える、〜と思われる

clergyman:
聖職者、牧師
a series of:
一連の、何回かの
cartwheel:
側転
aisle:
（劇場などの）廊下、（教会の）側廊

pleased:
喜んだ、満足している
overhear:
〜をふと耳にする、漏れ聞く
amazing:
すごい、素晴らしい

Nuptials Fit for a Prince

■歴史的な二度のロイヤルキス

　When the newlyweds were introduced to the country on the balcony of Buckingham Palace, you have to watch closely as the princess seemed to be taken aback as she mouthed, "Oh, wow." But then there was the moment that sealed the deal: as the hundreds of thousands chanted "Kiss," Prince William appeared to ask his wife, "Are you ready? Shall we kiss?" The crowd erupted with cheers, except one young girl. With all eyes on the newlyweds, many missed 3-year-old bridesmaid Grace van Cutsem. She didn't seem to care she had the best seat in the house for a kiss that would go down in history; she just wanted some peace and quiet.

　Many thought the excitement was over, but then the couple did the unthinkable. The prince appeared to ask his princess if she'd give one more kiss. She obliged, giving the crowd what they wanted, a historic second kiss. As the royal family made their way inside, the bride and groom were the last ones to say adieu, as Princess Catherine, the Duchess of Cambridge, turned around one last time to take it all in.

Aired on April 30, 2011

newlyweds: 新婚夫婦、新郎新婦 **be introduced to:** 〜に紹介される、お披露目される **the country:** 国に属する人々、国民 **watch closely:** 〜を一心に見る、よく見る	**be taken aback:** 驚く、びっくりする **mouth:** 〜と口を動かす、口の動きで伝える **seal the deal:** 契約に調印する、取引を固める **chant:** 〜を繰り返し言う	**appear to do:** 〜するように見える、思われる **crowd:** 群衆、大勢の人々 **erupt:** どっとわき立つ、爆発する **cheer:** 歓声、かっさい **bridesmaid:** 花嫁付添人

世界20億人が見守った「英国ロイヤルウエディング」

　結婚したばかりの2人がバッキンガム宮殿のバルコニーに出て、国民の前に初めて姿を現したときの映像をよく見ると、キャサリン妃は驚きのあまり、「まあ、すごい」と口を動かしているように見えました。その後、結婚の印となる瞬間がありました。数十万人の観衆が何度も「キス」と叫ぶ中、ウィリアム王子は妻にこうささやいたようです、「準備はいいかい。キスしようか」と。（2人がキスすると）観衆はドッと歓声をあげました、ただ1人の幼い女の子を除いて。みんなの目が新婚カップルに注がれる中、多くの人が見逃したのが3歳の花嫁付添人、グレース・ヴァン・カッツェムちゃんです。グレースちゃんは、歴史に残るキスを見られる特等席にいることには関心がなかったようで、ただ静かにしてほしいと望んでいました。

　多くの人が、これで興奮は終わりだと思っていましたが、その後、2人は予想外の行動に出ました。王子がキャサリン妃に二度目のキスを頼んだようです。彼女はそれを受け入れ、観衆の要望に応えました。歴史的な二度目の（ロイヤル）キスです。王室の人々が宮殿の中へ戻るとき、新郎新婦は最後に姿を消しましたが、キャサリン妃、すなわちケンブリッジ公爵夫人は、すべてを脳裏に焼きつけようと最後にもう一度振り返りました。

(2011年7月号掲載)（訳　河内香織）

not care:
〜を気にしない、かまわない
the best seat in the house:
特等席
go down in history:
歴史に残る
peace and quiet:
安らぎ、平穏
excitement:
興奮

the unthinkable:
考えられないこと、思いも寄らないこと
oblige:
願いを受け入れる、恩恵を施す
adieu:
さようなら

the Duchess of Cambridge:
ケンブリッジ公爵夫人　▶キャサリン妃に贈られた称号。
turn around:
振り向く、振り返る
take...in:
…をひと目で把握する、頭に入れる

Gone But Hardly Forgotten

9・11同時多発テロから10年「ビンラディン殺害」

2011年5月1日、国際テロ組織アルカイダの指導者で、米同時多発テロの首謀者とされてきたオサマ・ビンラディン容疑者がパキスタンの潜伏先で米海軍特殊部隊によって殺害された。
世界を震撼させた9・11テロから10年。氏の死亡を多くの米国民は歓迎したが、パキスタンやアフガニスタンでイスラム過激主義が広く受け入れられている根本的原因については未解決のままだ。

写真：ロイター／アフロ

Gone But Hardly Forgotten

■イスラム過激主義の根本的原因

Many Americans cheered when they heard U.S. forces had killed Osama bin Laden, the man who, for nearly a decade, was the face of terrorism and Islamic extremism. But here in Pakistan and neighboring Afghanistan, what many see as the root causes of extremism are still largely ignored.

"Bin Laden was a symbol and a l...illustration of a mindset and an ideology which lives on." (Tahira Abdullah, Human Rights Activist)

Human rights activist Tahira Abdullah says that extremist ideology is fueled by crushing poverty in Pakistan and Afghanistan, where governments have failed to provide the most basic human needs. U.N. studies show in Pakistan half of the adult population is illiterate and earns less than $2 a day.

"It's the lack of democracy. It's the lack of economic development. It's the lack of basic, minimum needs—food, clothing, shelter, livelihoods. It's...it's the lack of opportunities." (Tahira Abdullah)

---

gone:《タイトル》死んだ、亡くなった	**decade:** 10年間	**ignore:** 〜を無視する、黙殺する
hardly:《タイトル》ほとんど〜ない	**extremism:** 過激主義	**illustration:** 例、実例
forgotten:《タイトル》忘れられた	**neighboring:** 隣の、隣接した	**mindset:** 考え方、ものの見方
cheer: 拍手かっさいする、歓呼する	**root cause:** 根本的原因、真の原因	**live on:** 生き続ける
forces: 軍隊	**largely:** 大部分は、大体は	**human rights activist:** 人権活動家

9・11 同時多発テロから10年
「ビンラディン殺害」

　米軍がオサマ・ビンラディンを殺害したとの知らせに、大勢のアメリカ人が歓呼の声をあげました。ビンラディンは、10年近くにわたってテロとイスラム過激主義の顔でした。しかし、ここパキスタンと隣国アフガニスタンでは、過激主義の根本的原因だと多くの人がみなしている問題は、ほとんど見過ごされたままです。

　「ビンラディンは、ある考え方やイデオロギーの象徴であり、体現者だったんです。そのイデオロギーはこれからも生き続けます」（タヒラ・アブドゥラ　人権活動家）

　人権活動家のタヒラ・アブドゥラさんによれば、（イスラム）過激主義のイデオロギーは、パキスタンとアフガニスタンの過酷な貧困によって助長されているということです。両国の政府は、人間の最も基本的な欲求を満たしていません。国連の調査によると、パキスタンでは成人人口の半数は読み書きができず、稼ぎは1日2ドル足らずだということです。

　「民主主義はほとんど機能していません。経済的発展もほとんどありません。満たされていないのです、基本的な最低限の欲求が──衣食住や生活手段が。十分なチャンスもありません」（タヒラ・アブドゥラ）

---

extremist: 過激主義の、過激派の	**provide:** 〜を提供する、与える	**the lack of:** 〜の欠如、不足
fuel: 〜をたきつける、あおる	**basic human needs:** 人間の基本的な欲求　▶略称 BHN。	**minimum:** 最低限の、最小限の
crushing: 圧倒的な、壊滅的な	**illiterate:** 読み書きのできない	**food, clothing, shelter:** 衣食住
poverty: 貧困、貧乏	**earn:** （金を）稼ぐ、もうける	**livelihood:** 生活、生計の手段
fail to do: 〜できない、〜し損なう		**opportunity:** 機会、チャンス

Gone But Hardly Forgotten

■パキスタン・アフガニスタン地域の米国に対する認識

But there are many Muslim countries in the world where poverty and corruption haven't led to extremism, so why has it happened here?

"Today, of course, U.S. presence is...is acting as a rallying point for these people." (Aaysia Riaz, Political Analyst)

Political analyst Aaysia Riaz says what's different in this region is the powerful perception that America is waging war with Islam, with the perception intensified by an almost decades-long U.S.-led military occupation of Afghanistan, where thousands of innocent civilians who had little to do with al Qaeda or the Taliban have been killed.

"You...you'll talk to many people here who'll say things will not change in this region until United States actually packs up and leaves." (Aaysia Riaz)

Muslim: イスラム教の、イスラム教徒の **corruption:** 腐敗、汚職 **lead to:** 〜につながる、〜という結果をもたらす	**presence:** (外国軍の) 駐留 **act as:** 〜の役割を果たす **rallying point:** (さまざまな考えなどの) 結集点 **analyst:** 分析家、アナリスト	**region:** 地域 **perception:** 認識、ものの見方 **wage war with:** 〜と戦う、戦争する **intensify:** 〜を強める、〜の度を増す

9・11同時多発テロから10年
「ビンラディン殺害」

　とはいえ、貧困や腐敗が過激主義につながらなかったイスラム教国は世界にたくさんあります。では、なぜここではそんなことになったのでしょう？

　「現在は、言うまでもなく、米軍の駐留こそが、そうした人々が結集するきっかけとなっているのです」(アイシア・リアズ　政治アナリスト)
　政治アナリストのアイシア・リアズさんによると、パキスタン・アフガニスタン地域がほかの地域と違うのは、アメリカは(対テロ戦争ではなく)対イスラム戦争をしているとの認識が非常に強い点だそうです。そして、10年近くアメリカの主導でアフガニスタンが軍事占領されていることで、その認識は強まっているということです。アフガニスタンではその間に、アルカイダともタリバンともほとんど関係のない無実の一般市民が何千人も殺されたのです。
　「ここの人に話を聞けば、多くの人がこう言うでしょう、アメリカが実際に撤退しない限り、この地域では何も変わらないと」(アイシア・リアズ)

---

decades-long:
▶decade-longの言い間違いと思われる。
military:
軍の、軍事的な
occupation:
占領

innocent:
罪のない、無実の
civilian:
(軍人に対し)一般市民、民間人
have little to do with:
～とほとんど関係がない

Taliban:
タリバン　▶アフガニスタン内戦で生まれたイスラム武装勢力。
actually:
実際に、本当に
pack up and leave:
荷物をまとめて出ていく

Track 16

Gone But Hardly Forgotten

■ ビンラディンが死んでも過激主義のイデオロギーは残る

Analysts say for decades violent jihad has also been part of this region's culture, viewed as an effective strategy against oppression. Ironically, it was the U.S. that paid for and supported extremist militants during the 1980s Afghan jihad against the Soviet invasion. The U.S. now rejects extremism, but many suspect Pakistan's spy agencies still maintain links to Islamic militants. Pakistan denies this, but skeptics say Islamabad's deeds do not match its words.

"Where is the commitment to...to ou...oust Talibanization and al Qaeda on the...on the part of the government of Pakistan?" (Tahira Abdullah)

The Pakistani military establishment's complete break with all militant groups, U.S. withdrawal from Afghanistan, and better governance—getting all that done is going to be complicated, and it's going to take time. But if they're not done, many here say, the death of Bin Laden won't mean much in the broader fight against extremism.

Reza Sayah, CNN, Islamabad.

Aired on May 6, 2011

---

jihad:
(イスラム教の) 聖戦、ジハード
view A as B:
AをBとみなす、考える
effective:
効果のある、効果的な
strategy:
戦略、方略
oppression:
圧政、圧制

ironically:
皮肉にも、皮肉なことに
militant:
①好戦的な人　②好戦的な
invasion:
侵略、侵攻
reject:
〜を拒絶する、受け入れない
suspect (that):
〜ではないかと疑う

spy agency:
諜報機関
maintain:
〜を維持する、保持する
link to:
〜とのつながり、結びつき
deny:
〜を否定する、否認する
skeptic:
懐疑論者、疑い深い人

9・11 同時多発テロから 10 年「ビンラディン殺害」

　専門家によれば、この数十年間、暴力的ジハードはこの地域の文化の一部でもあり、圧政に対する効果的な戦略とみなされてきたということです。皮肉なことに、アメリカこそが（イスラム）過激派武装勢力に資金と支援を提供したのです、1980年代にソ連の侵攻に対してアフガニスタン人がジハードを行った際に。現在、アメリカは過激主義を拒絶していますが、パキスタンの諜報機関はいまだにイスラム武装勢力と通じているのではないかと多くの人が考えています。パキスタンはそれを否定していますが、パキスタン政府の言動は一致していないとの懐疑的な見方もあります。

　「タリバン化とアルカイダの追放に、パキスタン政府は真剣に取り組む気があるんでしょうか」（タヒラ・アブドゥラ）

　パキスタン軍の上層部がすべての武装勢力と完全に関係を絶つこと、アメリカのアフガニスタンからの撤退、そして、よりよい統治――これらをすべて達成するのは困難ですし、時間もかかります。しかし、この国の多くの人が言うには、それらがなされなければ、ビンラディンの死は、過激主義とのより広範な戦いにおいて大した意味を持たないということです。

　CNNのレザ・セイヤがイスラマバードからお伝えしました。

(2011年7月号掲載)（訳　安野玲）

---

deed: 行為、行動	**on the part of:** 〜の側に、〜の方で	**governance:** 支配、統治
match: 〜と一致する、合致する	**establishment:** 権力層、上位層	**get...done:** …をやり終える、やり遂げる
commitment: 誓い、約束	**complete:** 完全な、まったくの	**complicated:** 複雑な、処理の困難な
oust: 〜を追い出す、排除する	**break with:** 〜との決別、絶交	**take time:** 時間がかかる、時間を要する
Talibanization: タリバン化	**withdrawal:** 撤退、撤兵	**broad:** 広い、広範な

More than a Victory
世界一という花を咲かせた「なでしこジャパン」

ドイツで行われたサッカー女子ワールドカップ2011の決勝で、7月17日、「なでしこジャパン」が強豪アメリカを下して初優勝を果たした。世界ランキング1位で3度目の王座を目指すアメリカに何度もリードを許しながら、最後まであきらめずにPK戦の末、ようやく勝利をものにした。
「なでしこジャパン」の快挙は、震災後の日本にとって、久しぶりに元気づけられる明るいニュースとなった。

写真：PanoramiC/ アフロ

More than a Victory

■ドイツ、スウェーデン、米国を破った日本

Pauline Chiou   Candy, this was a team that was certainly the underdog, and no one really expected them to get this far—to beat Germany and then to beat Sweden and then finally the U.S.

Candy Reid   They'd given some signal that they were a pretty good team in the 2008 Olympics, when they finished fourth. They also won the Asian Games in 2010, and they've reached all six Women's World Cup final competition[s]. But they weren't the best team, because they actually lost to England in the group stage, and they finished second in Group B.

But then they really kick-started their campaign. As you said, they beat the hosts and holders, Germany, in a quarterfinal—a terrific shock. Then they went on to play Sweden and beat them. And then that magnificent final victory over the U.S.

victory:《タイトル》勝利 **certainly:** 確かに、間違いなく **underdog:** かませ犬、勝ち目のない人 **expect...to do:** …が〜することを期待する、…がきっと〜するだろうと思う	**get this far:** ここまでのことを成し遂げる **beat:** 〜を打ち負かす、〜に勝つ **give a signal that:** 〜だというサインを出す、〜ということを伝える **pretty:** かなり、相当	**win:** 〜に勝つ、優勝する **final competition:** 決勝トーナメント **actually:** 実は、実のところ **lose to:** 〜に負ける、敗れる

世界一という花を咲かせた「なでしこジャパン」

ポーリン・チョウ キャンディ、このチームは確かに勝ち目が薄かったですし、きっとここまでくるとは誰も真剣に思っていませんでした――ドイツを破り、スウェーデンを破り、最後にアメリカを破るとは。

キャンディ・リード 彼女たちはかなりいいチームだということを、2008年のオリンピックで示していました。そのときの結果は4位です。2010年にはアジア競技大会で優勝しましたし、女子ワールドカップの6回の本大会すべてに出場を果たしています。とはいえ、最強のチームというわけではありませんでした。というのも、実はグループリーグではイングランドに負けて、グループBの2位だったのです。

　ですが、そこからがまさに快進撃の始まりでした。さっきあなたが言ったように、彼女たちは、今大会の開催国で前回優勝のドイツを準々決勝で破りました――これは、ものすごい衝撃でした。その次にスウェーデンと対戦して勝ちました。そして、決勝で見事アメリカに勝利したのです。

group stage: グループリーグ **kick-start:** ～を動き始めさせる、～にはずみをつける **campaign:** （目的に向かっての）作戦行動、進攻	**host:** 主催国、開催国 **holder:** トロフィー保持者、前回優勝者 **quarterfinal:** 準々決勝 **terrific:** 恐ろしいほどの、ものすごい	**shock:** 衝撃、ショック **go on to do:** 次に～する、続いて～する **play:** ①～と試合をする　②競技を行う **magnificent:** 素晴らしい、見事な

More than a Victory

■チームの要、澤選手

Chiou　This is a team where they really come together and they don't play full-time professionally. A lot of them actually have full-time jobs on the side, and a lot of them play in clubs on the weekends.

Reid　Yeah, that's right, actually. I don't think much money really has been put into Japanese women's football, at least before about five years ago, when there was a concerted effort to put a bit more money in, make it a bit more professional.

And I think Sawa is the main cog in this machine. She was the first player to go to the United States and play professionally. She's, incredibly, only 32 years old, Pauline, and she's been playing for the national team for 18 years. She actually played against Pia Sundhage, the U.S.A. coach, when Sundhage represented Sweden in the World Cup. So she is really the cog of all this team.

come together: 団結する、一体となる **full-time:** ①専任で、常時　②常勤の、専任の **professionally:** プロとして、専門的に	**on the side:** 本業とは別に、副業として **put A into B:** A（金など）をBに投入する **football:** 《英》サッカー	**at least:** 少なくとも **concerted:** 協調した、一致した **effort:** 努力、試み

世界一という花を咲かせた「なでしこジャパン」

チョウ 日本のチームは本当によくまとまっていますが、彼女たちはプロとしてサッカーに専念できているわけではないんですよね。実は別にフルタイムの仕事に就いている選手も多いし、週末だけクラブチームでプレーする選手も多いとか。

リード ええ、実はそのとおりです。日本の女子サッカーには、あまり多くの資金は投入されていないと思います。少なくとも5年ほど前まではそうでした。そのころ、もう少し資金を投入しよう、もう少しプロ化しようという協力した動きが起こりました。

　このチームの要は澤選手でしょうね。彼女は（日本の女子サッカー選手の中で）アメリカに渡ってプロとして活動した初めての選手でした。ちょっと信じられませんが、彼女はまだ32歳なのに、ポーリン、18年も代表チームでプレーしているんですよ。実は、アメリカ代表のピア・スンドハーゲ監督とも対戦しています、スンドハーゲ監督がワールドカップでスウェーデン代表だったころに。ですから、彼女はまさにこのチーム全体の要なのです。

---

a bit more:
もう少し、もうちょっと
professional:
プロ的な、プロらしい
cog in the machine:
機械の歯車、組織の一員

incredibly:
信じられないことだが
national team:
国の代表チーム
play against:
〜と対戦する

coach:
監督
represent:
〜を代表する、〜の代表者になる

More than a Victory

■彼女たちは国のために戦っていた

Reid   They said they weren't the best team in the World Cup final—the U.S.A. actually outplayed them—but perseverance was the key. They watched the devastating earthquake and tsunami—they watched pictures of that before matches to inspire them, and look what has happened.

Chiou   Yes. This was certainly more than just the sport of football. Japan, certainly, was doing this for their country and not just for their team.

   And Paula, I want to bring you in on the discussion as well, to talk a little bit more about how proud Japanese fans are. Give us a sense of what fans are saying there in Japan.

---

the best team: ▶口語では、2つのものの比較でも、bestが使われることがある。 **final:** 決勝戦 **outplay:** 〜に技で勝つ、プレーで勝る	**perseverance:** 忍耐力、粘り強さ **key:** かぎ、秘けつ **devastating:** 壊滅的な、破滅的な	**earthquake:** 地震 **tsunami:** 津波 **picture:** （テレビ・映画の）画面、画像

世界一という花を咲かせた「なでしこジャパン」

リード 日本の選手たちは、ワールドカップ決勝戦に出る2チームのうち、相手のほうが上だと認めていました——実際、アメリカのほうが技術面では上でした——ですが、粘り強さが（勝敗を分ける）カギとなりました。彼女たちはあの壊滅的な地震と津波（の映像）を見たそうです——いくつかの試合の前にそのときの映像を見て、己を奮い立たせたのです。その結果はご覧のとおりです。

チョウ そうですね。あの試合は確かにサッカーというスポーツ以上のものでした。日本は間違いなく自分たちの国のために戦っていましたよね、チームのためだけではなく。

そこでポーラ、あなたにも話に加わってもらい、日本のサポーターが彼女たちを誇りに思っていることを、もう少しだけ話したいと思います。そちら日本のサポーターたちの声を伝えてください。

---

match:
試合、競技
inspire:
～を鼓舞する、奮起させる
certainly:
確かに、間違いなく

bring...in:
…を引き入れる、引き込む
in on the discussion:
議論に参加して、話に加わって
as well:
…もまた、…にも

a little bit more:
もう少しだけ、もうちょっとだけ
proud:
誇りにしている、自慢の
give A a sense of B:
AにBの感じを伝える

More than a Victory

■多くの人たちが元気をもらっていた

Paula Hancocks   Well, the fans that I watched the match with were just absolutely delighted. It was a rollercoaster of emotions for them, because it was such a…a…a close game, and because it did go down to the wire. So the fact that it was such a close game and that Japan won in the end really gave everybody inspiration. And this is, really, the word that I've heard from a lot of people: it inspired them. One woman told me, "Well, if women like me can be top of the world, then surely I can do a bit better in my life."

  The nation is obsessed with this team now. It's incredible to see the unity that it…this has…this has created. And *unity* was another word that I heard a lot of people using when they were saying just why they had all got behind this team so strongly. And of course, it was because…that Japan was due some good news. It has been a very difficult year for so many people, and the fact that they finally have something positive that the whole country can rally around is…is very inspiring.

Aired on July 19, 2011

---

absolutely:
間違いなく、ものすごく
delighted:
大喜びした、うれしそうな
rollercoaster:
(ジェットコースターのように)
浮き沈みの激しいもの

emotion:
感情
close game:
接戦、際どい勝負
go down to the wire:
〈勝負などが〉最後の最後まで予断を許さない、大接戦が続く

fact that:
～という事実、～ということ
in the end:
結局、最後には
inspiration:
激励、鼓舞
surely:
必ず、きっと

世界一という花を咲かせた
「なでしこジャパン」

ポーラ・ハンコックス　そうですね、私が一緒に試合を見たサポーターたちは、ものすごく喜んでいました。喜んだり落ち込んだりと、彼らの感情はめまぐるしく変わりました。大接戦で、最後の最後まで決着がつきませんでしたから。そういう大接戦の末に日本が勝ったということで、みんな本当に元気をもらっていました。そして実際、私は多くの人からこの言葉を聞きました。おかげで自分も頑張ろうという気になった、という言葉です。ある女性は、「私と同じくらいの女性たちが世界の頂点に立てるなら、私ももう少し頑張れるはずですね」と話していました。

　今は日本中がこのチームに夢中です。優勝がきっかけで連帯感が生まれるのはとても素晴らしいことです。「連帯感」というのも大勢の人から聞かされた言葉で、みんなが一体なぜこのチームをこんなにも熱烈に応援するのか語るときに使われていました。言うまでもなく、日本にはいいニュースがずっとなかったということもあります。今年は多くの人にとって非常に厳しい年となっています。そんな中で日本中がひとつになれるような明るいニュースがようやくもたらされたことで、人々はとても元気づけられているのです。

(2011年10月号掲載)(訳　安野玲)

---

the nation:《集合的、単数・複数扱い》国民 **be obsessed with:** ～に心を奪われている、～で頭がいっぱいである **incredible:** 信じられないほど素晴らしい、すごい	**unity:** 結束、団結 **get behind:** ～を後援する、支持する **be due:** ～を与えられて当然である、～を得てしかるべきである	**positive:** 楽天的な、明るい **rally around:** ～の周りに集まってくる、～のもとに結集する **inspiring:** 鼓舞的な、人を元気づける

Terrifying Terrorism

移民政策への反発が生んだ「ノルウェー連続テロ事件」

「平穏な福祉国家」というイメージの強い北欧の国ノルウェーで、77人の犠牲者を出す連続テロ事件が起こった。容疑者のアンネシュ・ブレイビクは、ノルウェー人の青年（当時32歳）。与党・労働党の移民政策に反対する彼がテロの標的にしたのは、政府庁舎と労働党青年部のサマーキャンプに参加していた若者たちだった。
事件の背景には、ヨーロッパに広がる反イスラム・極右思想があると指摘されている。

写真：ロイター/アフロ

Terrifying Terrorism

■テロ事件当日、インターネットに声明文を投稿

　Many of the children at this summer camp on Norway's Utoya Island had almost no chance to escape the massacre. Some were executed hiding in tents or as they huddled among rocks for safety. Those who tried to swim away found no refuge either.

　Coolly and methodically, Anders Breivik shot victims as they begged for their lives. Authorities are still searching the woods and the waters around the island for bodies. But they believe Breivik murdered nearly 70 people here during his killing spree.

　"It's very important that we find everybody so...so the family can...can start their...the grief process." (Norwegian Authorities Spokesperson)

　Authorities have been poring over a 1,500-page manifesto that surfaced on the Internet on the same day as the mass murders, allegedly written by the killer himself. Some passages appear similar to the writings of "Unabomber" Ted Kaczynski, but much of it is actually a rant against Islam. "Time is of the essence," the manifesto reads. "We have only a few decades to consolidate a sufficient level of resistance before our major cities are completely demographically overwhelmed by Muslims."

terrifying:《タイトル》恐ろしい、恐怖の **terrorism:**《タイトル》テロ、テロ行為 **escape:** 〜を逃れる、免れる **massacre:** 大量虐殺、皆殺し **execute:** 〜を処刑する、殺す	**hide:** 隠れる、身をひそめる **huddle:** 体を丸める、うずくまる **find refuge:** 難を逃れる、避難する **methodically:** 整然と、系統立てて **victim:** 犠牲者、被害者	**beg for one's life:** 命乞いする **body:** 遺体、死体 **authorities:** 当局、官憲 **murder:** 〜を故意に殺す、謀殺する **killing spree:** 殺しまくること、無差別殺人

移民政策への反発が生んだ
「ノルウェー連続テロ事件」

　ノルウェーのウトヤ島にあるこのサマーキャンプ場にいた子どもたちの多くには、大量虐殺から逃れるチャンスがほとんどありませんでした。中には、テントの中に隠れているところを、あるいは、身の安全のために岩陰に縮こまっているところを殺された人もいました。泳いで逃げようとした人たちも、難を逃れることはできませんでした。

　冷静に、そして整然と、アンネシュ・ブレイビク容疑者は命乞いをする犠牲者たちを撃ちました。警察当局は、今も森や周辺の湖で遺体を捜索中です。ですが当局は、この島で犯した無差別殺人で、ブレイビク容疑者が70人近くを殺害したと見ています。

　「犠牲者全員の遺体を見つけることがとても重要なのです、遺族の方々が悲しみのプロセスに入れるようにするには」(ノルウェー警察当局の報道官)

　当局は、大量殺人が起きたその日にインターネット上に出現した1500ページにわたる声明文を詳しく調べています。これは、容疑者本人が書いたものとされています。中には、「ユナボマー」ことテッド・カジンスキーが書いたものと似ているように思える部分もありますが、声明文の大半は、実際にはイスラム教に対する罵詈雑言です。「時間が問題なのだ」と声明文には書かれています。「あと数十年のうちに抵抗力を十分なレベルに強化しないと、わが国の大都市では人口の面でイスラム教徒が完全に圧倒することになる」と。

---

grief: 深い悲しみ、悲嘆	**allegedly:** 伝えられるところでは	**consolidate:** 〜を強固にする、強化する
pore over: 〜をじっくり読む、詳しく調べる	**passage:** (文などの) 一節、ひとくだり	**sufficient:** 十分な、満足な
manifesto: 声明文、宣言書	**(be) similar to:** 〜と似ている、同じようである	**resistance:** 抵抗、抵抗力
surface: 表面化する、表に出てくる	**rant:** 大言壮語、わめくこと	**demographically:** 人口統計学的に
mass murder: 大量殺人、大量殺りく	**of the essence:** 最も重要な、不可欠の	**overwhelm:** 〜を圧倒する、〜に圧勝する

Terrifying Terrorism

■ イスラム教徒を大量に受け入れる労働党への反発

Breivik saw himself as a crusader against Islam, a modern-day Knights Templar. In a video posted on YouTube six hours before the attack, Breivik can be seen posing with automatic weapons and in military uniforms. Many members of the ruling Labour Party had sent their children to the camp that Breivik targeted, and authorities say he wanted to send a message. The judge in the case paraphrased Breivik's comments in court today:

"As long as the Labour Party keeps drawing its ideological line and keeps deconstructing our region culture and mass-importing Muslims, then they must assume responsibility for this treason. And any person with a conscience cannot allow its country to be colonized by Muslims."

We now know Breivik drew some inspiration from Americans who have written extensively of what they say are the dangers of Islam. The manifesto mentions Pamela Geller, who helped lead the charge against the Park51 mosque near Ground Zero, describing her as a "decent human being" and citing her blog, Atlas Shrugs, 12 times. Another American author, Robert Spencer, was mentioned 46 times. His Web site, Jihad Watch, was cited an additional 130 times.

crusader: 十字軍戦士	**automatic weapon:** 自動小銃	**case:** 事件、裁判事件
modern-day: 現代の、今日の	**ruling:** 与党の	**paraphrase:** ～を言い換える、意訳する
Knights Templar: テンプル騎士団の一員	**Labour Party:** 労働党	**court:** 法廷、裁判所
post A on B: AをBに投稿する、載せる	**target:** ～を狙う、的にする	**draw:** ①～を描く　②～を引き出す
pose: ポーズをとる	**judge:** 裁判官、判事	**line:** 路線、方針

移民政策への反発が生んだ
「ノルウェー連続テロ事件」

　ブレイビク容疑者は、自身をイスラム世界に対抗する十字軍戦士、現代のテンプル騎士団の一員とみなしていました。テロ事件の6時間前にユーチューブに投稿された動画の中で、ブレイビク容疑者は、自動小銃を構えたり軍服を着たりしてポーズをとっています。与党・労働党の党員の多くが、ブレイビク容疑者が標的としたキャンプに自分の子どもを参加させていました。当局は、彼はメッセージを送りたかったのだと言います。この事件の審理を担当した裁判官は、今日、法廷でのブレイビク容疑者の発言を次のように分かりやすく言い換えました。

　「労働党がそのイデオロギー路線を推進し続け、われわれの地域文化を解体し、イスラム教徒を大量に受け入れ続ける限り、彼らはそうした反逆行為の責任を負わなければならない。そして良識ある人間は、イスラム教徒によって自国が植民地化されるのを見過ごすことはできない」

　今では、ブレイビク容疑者が、一部のアメリカ人からある程度の影響を受けたことが分かっています。自分たちの主張する「イスラム教の危険性」について大々的に書いているアメリカ人たちです。声明文の中では、パメラ・ゲラー氏の名が言及されています。彼女はグラウンドゼロ近く（に建設予定）の「パーク51」モスクに反対する急先鋒のひとりで、容疑者は彼女を「まともな人間」と評し、彼女のブログ「アトラス・シュラグス」を12回引用しています。もうひとりのアメリカ人作家、ロバート・スペンサー氏は46回言及されています。彼のウェブサイト「ジハード・ウォッチ」に至っては、さらに130回引用されました。

---

deconstruct: 〜を解体する	**allow...to be:** …が〜であるのを許す、認める	**lead the charge:** 先頭に立って非難する、攻撃する
mass-import: 〜を大量輸入する	**colonize:** 〜を植民地化する	**mosque:** イスラム教寺院、モスク
assume responsibility for: 〜の責任を負う	**inspiration:** ひらめき、啓示	**describe A as B:** AをBと言い表す、評する
treason: （国家への）裏切り、反逆	**extensively:** 大々的に、広範囲にわたって	**decent:** まともな、きちんとした
conscience: 良心、分別	**mention:** 〜について触れる、言及する	**cite:** 〜を引用する、引き合いに出す

Terrifying Terrorism

■銃撃で人々を黙らせることはできない

　Lars Gule is a Norwegian terrorism expert.

　"The right-wing Web sites—they provide a greenhouse for extremist ideas, because they become isolated. People who do not share these ideas—they tend to stay away, which means that there is no opposition, there is no contrary arguments, so they feed upon themselves." (Lars Gule)

　Supporters of Geller and Spencer say the effort to link them to the massacre is akin to character assassination in the media. They say it's unfair to blame them for the killings. As for the message Breivik wanted to send through his murderous rampage, in Norway, at least, it seems to be falling on deaf ears.

　"We don't want to be silenced. We're going to continue. We're going to continue the struggle. And we're going to…we're going to continue doing what we do. We want to make… You know, we want to make the world a better place, and we want to continue with our politics. We want to show them that they're not going to shoot us to silence." (Norwegian Youth)

Aired on July 26, 2011

---

expert:
専門家
right-wing:
右翼の、右派の
provide:
〜を提供する、与える
greenhouse:
温室　▶通常、「温床」はhothouseと言う。

extremist:
過激主義の、過激派の
isolated:
孤立した、孤独な
share:
〜を共有する、同じように持つ
tend to do:
〜する傾向がある
stay away:
離れている、避ける

opposition:
反対、敵対
contrary:
反対の、逆の
argument:
議論、主張
feed upon:
〜を餌に成長する
effort:
努力、試み

移民政策への反発が生んだ「ノルウェー連続テロ事件」

　ラーズ・グール氏はノルウェーのテロ専門家です。

　「右翼のウェブサイトは過激な思想の温床となっています。というのも、そうしたサイトの支持者たちは孤立するからです。過激な思想に共感できない人たちは、そうしたサイトに立ち寄らないのが普通です。つまり、反対意見も反論もないわけで、その結果、そうしたサイトの支持者たちは、自分たちだけでどんどん過激になっていくのです」(ラーズ・グール)

　ゲラー氏とスペンサー氏を支持する人々によれば、彼らを今回の大量虐殺と結びつけようとすることは、メディアにおける誹謗中傷と同じだということです。虐殺事件を彼らのせいにするのは不公平だと、支持者らは言います。一方、ブレイビク容疑者が凶悪な無差別殺人を通して伝えたかったメッセージに関しては、少なくともノルウェーでは無視されているようです。

　「僕たちは沈黙させられたくありません。これからも続けます。戦い続けます。そして、やるべきことをやり続けます。僕たちは……その、この世界をよりよい場所にしたいし、僕たちの政治活動を続けていきたい。銃撃で僕らを黙らせることはできないと、彼らに示したいのです」(ノルウェーの若者)

(2011年10月号掲載)(訳　河内香織)

---

link A to B:
AをBに関連づける、結びつける
be akin to:
〜と似ている、同じようなものだ
character assassination:
(有名人への)中傷、人身攻撃
unfair:
不公平な、公正でない
blame A for B:
BをAのせいにする
as for:
〜に関しては
murderous:
殺人の、殺意のある
rampage:
激しい暴力行為、凶行
at least:
少なくとも
fall on deaf ears:
聞き流される、無視される
silence:
〜を黙らせる、〜の口を封じる
continue:
①続く　②〜を続ける
struggle:
闘争、苦闘
continue with:
〜にこだわり続ける
politics:
政治、政治的見解

High-street Hooliganism
数千人もの逮捕者を出した「イギリス暴動」

2011年8月4日にロンドン北部で起きた警官による黒人男性の射殺事件。それに対する抗議デモが開かれると参加者の一部が暴徒化し、暴動はまたたくまにイギリスの他の都市にも広がった。一般の民家や商店が襲われ、放火や略奪、破壊行為が繰り返されるという事態が一体なぜ起きたのか。そして、一連の騒ぎをどう見るのか——。
CNNの記者が、抑圧された若者たちの本音に迫る！

写真：ロイター／アフロ

High-street Hooliganism

■貧富の差や高失業率への失望感

As Britain reclaims its streets, many are now asking: How did a protest over the shooting of 29-year-old Mark Duggan in North London trigger a countrywide looting spree?

Some have pointed to a yawning gap between rich and poor. Youth unemployment is at record levels: one in five between the ages of 16 to 24 are out of a job, says the Office of National Statistics.

On Monday night, at the peak of the violence in London, this young man attempted to explain his anger to CNN.

"I love England, everything about it—roast dinners, whatever, blah, blah, blah. But what I'm trying to say to you, yeah: sometimes, there's, like, a bad balance, and we're getting the brunt of it. You have to start doing something for people like us." (London Youth)

(注) CD音声に「ピーッ」という音が入っていますが、これはCNN放送時のものです。ご了承ください。

---

high-street: 《タイトル》大通りの、繁華街の **hooliganism:** 《タイトル》不良行為、無法行為 **Britain:** 英国政府、英当局 **reclaim:** 〜を立ち直らせる、更正させる **protest over:** 〜に対する抗議運動	**shooting:** 射撃、発砲 **trigger:** 〜の引き金を引く、〜を誘発する **countrywide:** 全国的な、全国規模の **looting spree:** 略奪しまくること、略奪騒ぎ **point to:** 〜を指摘する、〜に注意を向ける	**yawning:** 大きく開いた **gap:** 隔たり、格差 **youth:** 若者、青年 **unemployment:** 失業、失業率 **be at record levels:** 記録的な水準である

数千人もの逮捕者を出した「イギリス暴動」

　イギリス当局が街を沈静化させる中、多くの人が今、こう問い掛けています。ロンドン北部で起きた29歳のマーク・ダガンさん射殺事件への抗議運動が、どうして全国的な略奪騒ぎを引き起こしたのかと。

　深刻な貧富の差が原因だと指摘する人もいます。若者の失業率は記録的な水準にあります。イギリス国家統計局によると、16歳から24歳の5人に1人が職に就いていません。

　月曜の夜、ロンドンの暴動がピークに達したころ、こちらの若者はCNNに自分の怒りを説明しようとしてくれました。

　「僕はイングランドを愛しているよ。そのすべてをね——ロースト料理の夕食とか、何もかも。でも、僕が言おうとしているのは、そう、時々、何というか、バランスが悪くて、そのしわ寄せが僕らに来るんだ。僕たちのような人のために、何らかの対策を始めるべきだよ」（ロンドンの若者）

---

be out of a job: 失職中である、職に就いていない
Office of National Statistics: 《英》国家統計局　▶Office for National Statisticsが正式名称。
at the peak of: ～の絶頂に、真っただ中で
violence: 暴力、暴力行為
attempt to do: ～しようと試みる、努力する
explain: ～を説明する
anger: 怒り、憤り
roast dinner: ロースト料理の夕食
whatever: そのほか何でも、とか何とか
blah, blah, blah: …などなど
get the brunt of: ～の矛先を向けられる、～の矢面に立つ　▶bear the brunt ofのほうが一般的。
do something: 何とかする、何か対策を講じる

High-street Hooliganism

■若者の深い孤独感

On Thursday, Prime Minister Cameron told MPs the problem was a culture of violence—teens that don't know right from wrong, absentee parenting that leads to gangs.

But teenagers on the street told me it was more than that. Nineteen-year-old Dominique Smith says she understands the frustration and anger of those who rioted because she believes her brother was also a victim of police violence.

"Yeah, there's definitely a lot of anger in the community. Like, I think it's more 'cause no one's listening to us. You get me? No one... We don't... We can't get our point across; nobody cares. Get me? So I...all...a lot of people [are] just thinking, like, 'What's the point in still talking and trying to get our point across? We might as well just mash up the place.' Get me? ''Cause that's when we're going to get heard.' But what they don't understand: no one's going to listen to anybody when you're mashing up the place. Get me? They're just going to think, 'Oh, look at you. You're just some hooligan.'" (Dominique Smith)

---

prime minister: 首相、総理大臣 **MP:** = member of parliament　下院議院、国会議員 **know right from wrong:** 善悪の判断がつく、分別がある	**absentee parenting:** 親業を担う者の不在、子のしつけがなされないこと **lead to:** ～につながる、～という結果をもたらす **gang:** 非行集団、ギャング	**frustration:** 失望、欲求不満 **riot:** 暴動を起こす、暴動に加わる **victim:** 犠牲者、被害者 **definitely:** 確実に、明確に

数千人もの逮捕者を出した
「イギリス暴動」

　木曜日、キャメロン首相が議員たちに語ったのは、問題は暴力を生むような社会の土壌だということ——すなわち、善悪の判断がつかない十代の若者の存在としつけを担う者の不在が、子どもにギャングの仲間入りをさせてしまう、ということでした。

　しかし、街頭の十代の若者たちは、問題はそれだけではないと話してくれました。19歳のドミニク・スミスさんは、暴動に加わった人々の不満や怒りは理解できると言います。というのも、自分の兄弟も警察による暴力の被害者だと思っているからです。

　「ええ、この社会には、確かに怒りが充満しているわ。たぶん、誰も私たちの声に耳を傾けてくれないからよ。分かる？　誰も……私たちは自分の思いを伝えられないの。誰も気に掛けてくれない。分かる？　だから、多くの人はこう考えるのよ。『自分たちの主張を伝えようと、話したり努力したりするのは、もう意味がないだろう。それより、こんなところぶっ壊したほうがましだ』と。分かる？『そうしたら、私たちの声を聞いてもらえるから』って。でも、彼らは分かっていないのよ、街を破壊なんかしたら、かえって耳を傾けてもらえなくなるってことが。分かる？　みんなこう思うだけよ、『一体何をしているんだ。お前たちはただの不良だ』って」（ドミニク・スミス）

---

community:
共同体、地域社会
get:
（相手の言ったことなどを）理解する、分かる
get one's point across:
言いたいことを伝える、真意を分かってもらう

care:
〜を気にかける、かまう
What's the point in doing?:
〜して何の意味があるのか、何になるのか
might as well:
〜するほうがましだ

mash up:
《話》〜をぶっつぶす、ぶっ壊す
Look at you.:
その態度は何だ、何をしているんだ
hooligan:
不良、チンピラ

High-street Hooliganism

■「暴動では何も解決しない」という声も

Others, like 18-year-old Kieza Silvera de Sousa, say that frustration doesn't justify the violence that followed.

"It's just actually silly. I mean, people are saying that it's because someone got shot by the police. OK, fair enough: someone got shot by the police, and it was probably injust. But that's no reason to ruin people's livelihood, you know, burning down houses, going and bricking people's shops. At the end of the day, that's not going to solve anything. That's not going to stop the police from, you know, being injust." (Kieza Silvera de Sousa)

Cameron has issued tougher police measures and a gang injunction making it illegal to engage in gang activities. But that anger and resentment is still on the streets. And the government must now find ways to ensure the violence of this week doesn't flare up again.

Atika Shubert, CNN, London.

Aired on August 12, 2011

(注) CD音声に「ピーッ」という音が入っていますが、これはCNN放送時のものです。ご了承ください。

justify: 〜を正当化する	**Fair enough.:** 《話》それで結構だ、同意するよ	**ruin:** 〜を破壊する、台無しにする
follow: 後に続く、結果として起こる	**probably:** おそらく、たぶん	**livelihood:** 生活、生計の手段
actually: 実際に、本当に	**injust:** ▶unjust（不正な、不当な）の言い間違い。	**burn down:** 〜を焼き払う、全焼させる
silly: ばかな、愚かな	**be no reason to do:** 〜する理由にはならない	**go and do:** 《話》愚かにも〜してしまう
get shot: 銃で撃たれる、射殺される		**brick:** 〜にれんがを投げつける

数千人もの逮捕者を出した「イギリス暴動」

　一方、18歳のキエザ・シルベラ・デ・スーサさんのように、そのような不満があったとしても、それがきっかけで起こった暴力行為は正当化されないと語る人々もいます。

　「実際まったくばかげているよ。みんな、警察に射殺された人がいるからだと言っている。まあ、それは分かるよ。警察に誰かが射殺された、それは理不尽なことだろう。でも、だからといって人々の生活を破壊する理由にはならないよ、ほら、家を焼き払ったり、誰かの店にれんがを投げつけるなんて愚かなことをしたりする理由にはね。結局、そんなことでは何も解決しない。そんなやり方では、警察の不正行為は止められないよ」（キエザ・シルベラ・デ・スーサ）

　キャメロン首相は、より厳しい警察の対応を命じ、ギャングの活動に携わることを違法とするギャング行為禁止令を出しました。しかし、街には依然として怒りと不満がはびこっています。政府は、今週のような暴動が二度と起こらないよう、何らかの方策を見つけなければなりません。

　CNNのアティカ・シューバートがロンドンからお伝えしました。

（2011年12月号掲載）（訳　河内香織）

at the end of the day: 結局のところ	**measure:** 処置、措置	**resentment:** 不満、うっぷん
solve: 〜を解決する	**injunction:** 禁止令	**government:** 政府
stop...from doing: …が〜するのを止める、防ぐ	**illegal:** 違法な、非合法の	**ensure（that）:** 〜ということを確実にする
issue: （命令・法令を）出す、発する	**engage in:** 〜に従事する、携わる	**flare up again:** （紛争などが）急激に再燃する、（病気などが）急に再発する
tough: 厳格な、厳しい	**activity:** 活動	

99% Angry

経済格差への抗議運動「ウォール街を占拠せよ」

2011年9月半ば、大卒でも職のない若者たちを中心に、資本主義の象徴ともいえるウォール街の占拠をスローガンにしたデモ行進が行われた。不景気や高い失業率への不満から、この抗議デモは全米各地、世界へと拡大。不満の中心は、わずか1%の富裕層と残り99%の一般市民との経済格差だ。
指導者もおらず、要求も多様化したこの抗議運動の実情をニューヨークとロンドンからリポートする。

写真：©Bloomberg/Getty Images

99% Angry

■有名人や労働組合も支持するウォール街占拠運動

Kristie Lou Stout　In the U.S., protestors on Wall Street are gearing up for a big march in New York. And what started out as a group of unemployed college students has grown to include celebrities and labor unions. Now, demonstrations have al...also spread to other cities. And their goals, while nonspecific, are to oppose social inequality and corporate greed. Let's bring in Susan Candiotti, live in New York. And Susan, it's 8:00 a.m. in the morning there. Can you describe the scene for us?

Susan Candiotti　I can. It's about a little after eight o'clock in the morning here in New York. And this public park is really in the shadows of the World Trade Center—Ground Zero—where reconstruction is going on in the background. Most of these protestors, because they usually stay up late, are still sleeping at this hour—as you can see, on the ground, in sleeping bags, on mattresses.

angry:《タイトル》怒った、腹を立てた **protestor:** 抗議者 **gear up for:** 〜の準備を整える **march:** ①デモ行進　②デモ行進する **start out as:** 〜として活動を始める、出発する	**unemployed:** 仕事のない、無職の **include:** 〜を含める、参加させる **celebrity:** 有名人、著名人 **labor union:** 労働組合 **demonstration:** デモ	**spread to:** 〜に広がる、波及する **nonspecific:** 具体的でない、漠然とした **oppose:** 〜に反対する、異議を申し立てる **inequality:** 不公正、不平等 **corporate:** 企業の、法人の

経済格差への抗議運動
「ウォール街を占拠せよ」

クリスティー・ルー・スタウト　アメリカでは、ウォール街での抗議運動の参加者が、ニューヨークでの大規模デモに向けて着々と準備を進めています。職のない大卒者たちの抗議運動として始まったものが、有名人や労働組合が参加する規模にまで発展しました。そして、デモはほかの都市にも広がっています。彼らの目的は、漠然とはしていますが、社会の不公正と企業の強欲に異を唱えることです。スーザン・キャンディオッティ記者を呼んでみましょう。ニューヨークからの中継です。スーザン、今そちらは朝の8時ですね。状況を説明してもらえますか。

スーザン・キャンディオッティ　はい。こちらニューヨークでは、午前8時を少しまわったところです。(運動の拠点である)この公共公園は世界貿易センター──グラウンドゼロ──の本当にすぐ近くにあります。グラウンドゼロの再建中の様子が聞こえるほどの近さです。抗議運動の参加者はたいてい夜遅くまで起きているので、この時間は大半の人がまだ眠っています──ご覧のように、地面に寝ているんです、寝袋にくるまったりマットレスを敷いたりして。

---

greed:
強欲、どん欲さ
bring in:
〜を引き入れる、引き込む
live:
生中継の、ライブの
describe:
〜を描写する、説明する
scene:
状況、情勢

public park:
公共公園　▶ズコッティ公園を指す。ここで寝泊まりしていたデモ参加者は、2011年11月半ばに強制排除された。
in the shadows of:
〜のすぐ近くに、〜に接近して
Ground Zero:
グラウンドゼロ　▶9・11テロで崩壊した世界貿易センターの跡地。

reconstruction:
再建、復興
be going on:
起こっている、進行中である
in the background:
背後で、裏で
stay up late:
夜更かしする
sleeping bag:
寝袋

99% Angry

■マイケル・ムーア監督も支持

Candiotti　And yes, they have had a few celebrities come out in the last three weeks—that's how long they've been out here—including people like Michael Moore, the documentary filmmaker, who is going to be here and is in support of this latest protest today, this latest demonstration that will take place with the help of a lot of unions who will be represented here this day. Yes, the movement is still leaderless; yes, it still lacks organization; but Moore and others say that's the way they like it.

"What you see here and what you're seeing all across the country are millions of people who [have] had it. And they are rising up, peacefully, nonviolently. Because we have the votes—we are the majority of the citizens—power in a democracy is derived from the people. And they are not 'the people'; they are the upper 1 percent." (Michael Moore, Filmmaker)

Aired on October 5, 2011

come out: 登場する、現れる	**latest:** 最新の、最近の	**movement:** 運動、活動
including: ~を含めて、~などの	**protest:** 抗議	**leaderless:** リーダーのいない、指導者なしの
filmmaker: 映画監督	**take place:** 行われる、開催される	**lack:** ~を欠いている
be in support of: ~を支持している、支援している	**with the help of:** ~の支援を受けて	**organization:** 組織、組織化
	be represented (at): ~に代表を送る、出す	

経済格差への抗議運動
「ウォール街を占拠せよ」

キャンディオッティ　そして、そうです、参加者らはこの3週間に——彼らはその間ずっとここにいたわけですが——数人の有名人の来訪を受けており、ドキュメンタリー映画監督のマイケル・ムーア氏もここを訪れました。ムーア氏は今日行われる抗議デモにも支持を表明しており、ここに来ることになっています。今回のデモは多数の労働組合の支援を受けて開催され、今日は組合の代表者らもここに参加する予定です。確かに、この抗議運動にはいまだにリーダーがいません。確かに、いまだに組織の体をなしていません。ですが、ムーア氏などに言わせると、こういうやり方のほうがいいのだそうです。

　「ここで起きているのは、そして全米で起きているのは、今の状況にうんざりしている大勢の人たちによる抗議運動です。彼らは平和的、非暴力的なやり方で立ち上がっている。われわれ一般市民が多数派ですから——国民の大多数を占めるのはわれわれです——民主主義の力は一般市民から生まれるのです。しかし、かの連中は"一般市民"じゃない。上層の1%なんです」（マイケル・ムーア　映画監督）

---

all across the country:
国じゅうで、全国で
millions of:
何百万もの、非常に多数の
(have) had it:
もううんざりだ、もうたくさんだ
rise up:
立ち上がる、奮起する

peacefully:
平和的に、穏やかに
nonviolently:
非暴力的に
have the votes:
多くの有権者の支持を得ている、多数派である
the majority of:
〜の大多数、大半

citizen:
国民、市民
democracy:
民主主義
be derived from:
〜から生じる、〜に由来する
upper:
上の、上位の

Track 29

99% Angry

■ローマ、ロンドンでの抗議運動

The Occupy Wall Street movement has now gone global. In Europe, one of the biggest turnouts was in Rome. Protestors say their march was peaceful until anarchists infiltrated their demonstration and brought chaos. Protestors say the infiltrators set cars and buildings on fire. Riot police used water cannons and tear gas to try to get the crowds back under control.

I'm outside of St. Paul's Cathedral here in London. This is the heart of the Occupy London Stock Exchange protest. The exchange is just over that way. But people have gathered here to voice their concerns about the ramifications of the global financial crisis.

"Like a lot of people here, I'm frustrated by the…the fact that the confluence between big corporate capital and big conservative politics has led to a concentration of wealth in the hands of a small minority of our society at the expense of everyone else." (London Protestor)

Erin McLaughlin, CNN, London.

Aired on October 16, 2011

occupy:
〜を占拠する、占領する
go global:
世界的になる、国際化する
turnout:
人出、出席者数
anarchist:
無政府主義者、アナーキスト
infiltrate:
〜に潜入する、こっそり入り込む

chaos:
無秩序、大混乱
infiltrator:
侵入者、潜入者
set…on fire:
…に火をつける、放火する
riot police:
(暴動を鎮圧する) 機動隊
water cannon:
(暴徒鎮圧用の) 放水銃

tear gas:
催涙ガス
get…back under control:
…を鎮圧する、正常に戻す
crowd:
群衆、大勢の人々
St. Paul's Cathedral:
セントポール大聖堂
the heart of:
〜の中心、心臓部

経済格差への抗議運動
「ウォール街を占拠せよ」

　「ウォール街を占拠せよ」運動は今や世界に飛び火しました。ヨーロッパでは、最大規模の抗議運動がローマで起きました。参加者の話では、穏やかなデモ行進だったのが、無政府主義者が入り込んだせいで大混乱になったとのことです。また、参加者によれば、潜入した無政府主義者が車や建物に放火したとのことです。機動隊が放水銃や催涙ガスを用いて暴徒の鎮圧を図りました。

　私がいるのはロンドンのセントポール大聖堂の前です。ここが「ロンドン証券取引所を占拠せよ」運動の中心地です。このすぐ先が証券取引所です。しかし、人々はここに集まって、世界的金融危機の影響について懸念を訴えています。

　「ここにいるみんなと同じで、僕も不満なんだ。大企業の資本と保守的な大きな政治が合わさって、この社会のごく一部の人間の手に富が集中してしまったことが。それも、ほかのみんなを食い物にして」(ロンドンの抗議運動参加者)

　CNNのエリン・マクローリンがロンドンからお伝えしました。

(2012年1月号掲載)(訳　安野玲)

stock exchange: 証券取引所	**be frustrated by:** 〜に不満を持っている	**lead to:** 〜という結果をもたらす
gather: 集まる、集合する	**confluence:** 合流	**concentration of wealth:** 富の集中
voice: 〜を声に出す、表明する	**capital:** 資本、資産	**in the hands of:** 〜の手に、手中に
concerns about: 〜に対する懸念、心配	**conservative:** 保守的な	**a minority of:** 少数の
ramifications: (派生的に起こる)結果	**politics:** 政治	**at the expense of:** 〜を犠牲にして、食い物にして

Worrisome Enigma

金正日総書記が死去「北朝鮮・金正恩体制へ」

金正日（キム・ジョンイル）総書記が2011年12月17日に死去したことにより、以前から後継者に指名されていた三男の正恩（ジョンウン）氏が最高指導者の地位に就いた。しかし、まだ20代後半で経験の浅い正恩氏が、指導部や軍のエリートを統率できるのか懸念されている。北朝鮮はこれからどうなるのか——。
今後の核兵器開発も含めて、世界がその行方を注視している。

写真：AP/アフロ

Worrisome Enigma

■指導者になるまでの準備期間が短かった金正恩氏

Kim Jong-il had tried to prepare his son and his country for this day. The elder Kim had elevated the profile of his youngest son, Kim Jong-un, last year and gave him a rather drastic promotion in the army.

"As far as we know, he has...he has not spent a day in the Korean People's Army. And yet in September 2010, he was promoted to the rank of four-star general." (Victor Cha, Senior Adviser, Center for Strategic and International Studies)

But Victor Cha, who dealt with Kim Jong-il's regime while on President Bush's National Security Council, says what Kim didn't do was prepare everyone for his own sudden death. Now, Cha says, we're left with very little to go on with Kim Jong-un. That's partly because Kim Jong-un is only in his late 20s, but it's also because he's had such a short apprenticeship for this position compared to the 20-something years his father spent preparing for the job.

---

worrisome:
《タイトル》厄介な、心配な
enigma:
《タイトル》不可解な人・もの
prepare A for B:
AにBの準備をさせる
elder:
年長の、年上の
elevate:
〜を高める、〜の程度を上げる

profile:
注目度、目立ち具合
rather:
かなり、ずいぶん
drastic:
徹底的な、思い切った
promotion:
昇進、昇格
army:
軍隊

as far as someone knows:
〜の知る限りでは
and yet:
それにもかかわらず、けれども
be promoted to:
〜に昇進する、昇級する
rank:
地位、身分

金正恩体制で世界が懸念する北朝鮮の行方と核の脅威

　金正日総書記は、息子と国に、この日（自分が死ぬ日）に備えさせようとしてきました。父親のほうの金氏は昨年、一番下の息子である金正恩氏の注目度を高めようとし、軍の内部でかなり思い切った昇進をさせました。

　「われわれの知る限りでは、彼は1日も朝鮮人民軍で実際の任務に就いたことはないはずです。にもかかわらず、2010年9月、大将に昇進しました」（ビクター・チャ　戦略国際問題研究所の上級顧問）

　しかしビクター・チャ氏は、彼はブッシュ大統領時代に国家安全保障会議で金正日政権と相対した人物ですが、金総書記は周囲の誰にも自身の急死には備えさせていなかったと言います。チャ氏によれば、こうなると金正恩氏を判断する材料はほとんどないということです。その理由として、ひとつには金正恩氏がまだ20代後半であることが挙げられます。また、父親が最高指導者の職務に就くための準備に20年あまりを費やしたのと比較すると、彼はその準備期間が非常に短かったことも挙げられます。

---

four-star general: 4つ星の将軍、大将	**regime:** 政権、政府	**partly because:** ひとつには〜という理由で
strategic: 戦略的な、戦略上の	**National Security Council:** 《米》国家安全保障会議	**apprenticeship:** 見習い期間、修業期間
senior adviser: 上級顧問	**be left with:** （主語には）〜が残されている	**compared to:** 〜と比較して、〜に比べて
deal with: 〜を相手にする、〜と交渉する	**go on:** 〜に基づく、〜で判断する	**prepare for:** 〜に備える

Worrisome Enigma

■ なぜ三男の正恩氏が後継者に選ばれたのか

There are widespread reports that Kim Jong-un went to boarding school in Switzerland and can speak English and German. He's said to have an affinity for James Bond and Michael Jordan. But that's not going to help him among North Korea's military elite, which may not want to accept orders from someone who's not even 30.

There apparently weren't many options for the dynasty. I asked Cha why Kim Jong-il didn't tap his oldest son, Kim Jong-nam.

"The reports are he came into great disfavor with the leadership because of his lifestyle. He tends to be a bit of a playboy and likes to gamble, keeps a condo in Macau." (Victor Cha)

According to analysts quoted on diplomatic cables posted on WikiLeaks, the second oldest son, Kim Jong-chol, was considered too effeminate to be a strong leader, so it fell to the youngest son.

widespread: 広く行き渡った **boarding school:** 寄宿学校、全寮制学校 **have an affinity for:** 〜が好きである **James Bond:** ジェームズ・ボンド ▶映画『007』シリーズの主人公。	**Michael Jordan:** マイケル・ジョーダン ▶米国の元プロバスケットボール選手。 **military:** ①軍の ②《the〜》軍隊 **accept:** 〜を受け入れる、〜に応じる **order:** 命令、指示	**apparently:** どうやら〜らしい **option:** 選択、選択肢 **dynasty:** 王朝、王家 **tap:** 〜を選ぶ、指名する **come into disfavor with:** 〜に嫌われる、不評を買う

金正恩体制で世界が懸念する
北朝鮮の行方と核の脅威

　広くいわれているのは、金正恩氏はスイスの全寮制学校に留学経験があり、英語とドイツ語が話せるということです。彼はジェームズ・ボンドとマイケル・ジョーダンが好きだともいわれています。とはいえ、北朝鮮軍のエリートの間では、そうしたことは役に立たないでしょう。彼らは、30歳にも満たない人物からの命令を受け入れたくはないでしょうから。

　金王朝の継承に選択肢はあまりなかったようです。私はチャ氏に聞いてみました、金正日総書記はなぜ長男である金正男氏を（後継者に）選ばなかったのかと。
　「情報によると、彼は生活態度のせいで指導部の不興を大いに買ったということです。彼にはちょっとした遊び人の傾向がありますし、ギャンブル好きで、マカオにコンドミニアムを持っていますからね」（ビクター・チャ）
　ウィキリークスに公開された外交公電に引用されている識者の見解によれば、次男の金正哲氏は繊細すぎて強い指導者になれないとみなされたため、一番下の息子が後継者になったということです。

leadership: ①《the～》指導者層　②指導力 **tend to be:** ～になる傾向がある **a bit of a:** ちょっとした～、～みたいなもの **condo:** ＝condominium　分譲マンション、コンドミニアム	**according to:** ～によれば **quote:** ～の言葉を引用する **diplomatic cable:** 外交電報、外交公電 **post A on B:** AをBに投稿する、載せる	**WikiLeaks:** ウィキリークス　▶匿名により政府、企業などの機密情報を公開するウェブサイト **consider A (to be) B:** AをBとみなす、考える **effeminate:** 〈男が〉女のような、繊細な **fall to:** 〈仕事などが〉～の肩にかかる

Worrisome Enigma

■北朝鮮はこれからどうなる？

Analysts say the plan was for the late leader's brother-in-law, Kim Jong-un's uncle, Jang Song-taek, to be a key player behind the scenes while the younger Kim solidifies his leadership. Jang Song-taek is married to Kim Jong-il's sister, Kim Kyong-hui, who's a general in the army. But analysts say there are rumblings that she is sick.

"Are we seeing the beginning of the end of the Kim dynasty?" (CNN Reporter)

"I think we are. You know, I think that this regime is really on its last legs. I could not imagine a more difficult scenario to effect a leadership transition than what we're seeing today." (Victor Cha)

What really worries Cha right now: the possibility of so-called loose nukes. With so much uncertainty at the top, he says, some rogue elements of the military might take control of the country's fast-developing nuclear-weapons capability.

Brian Todd, CNN, Washington.

Aired on December 20, 2011

the late: 亡き〜、故〜	**solidify:** 〜を強固にする、強化する	**imagine:** 〜を想像する、思い描く
brother-in-law: 義理の兄、義理の弟	**general:** 将軍、大将	**effect:** （目的などを）達成する
key player: 重要人物、中心的人物	**rumblings:** うわさ	**transition:** 変遷（へんせん）、移行
behind the scenes: 陰で、舞台裏で	**be on one's last legs:** 破滅しかけている、つぶれかけている	**worry:** 〜を懸念させる、心配させる

金正恩体制で世界が懸念する北朝鮮の行方と核の脅威

　アナリストたちによると、若い金氏が指導力を強固にする間は、故最高指導者の義理の弟で金正恩氏の叔父にあたる張成沢(チャン・ソンテク)氏が陰で指導的役割を果たす予定だったということです。張成沢氏は、金正日氏の妹で朝鮮人民軍大将でもある金敬姫(キム・ギョンヒ)氏の夫です。しかし、識者の話では、金敬姫氏は病気だといううわさがあるようです。

　「私たちは金王朝の終焉(しゅうえん)の始まりを目のあたりにしているのでしょうか」(CNNのリポーター)

　「そう思います。ええ、金政権は確かに崩壊しかけていると思います。指導者の交代を行うのに、今ほど困難な状況は考えられません」(ビクター・チャ)

　現在チャ氏が非常に懸念しているのは、いわゆる流出核の可能性です。チャ氏によれば、上層部がこれほど不安定だと、急速に発展している北朝鮮の核兵器能力を、軍の不良分子が掌握する可能性があるということです。

　CNNのブライアン・トッドがワシントンからお伝えしました。

(2012年3月号掲載)(訳　安野玲)

---

possibility:
可能性
so-called:
いわゆる
loose nukes:
流出核、核の流出
uncertainty:
不確かさ、不安定

rogue:
はみだし者の、不良の
element:
構成要素、構成分子
take control of:
〜を支配する、掌握する

fast-developing:
急速に発展している
nuclear-weapons:
核兵器の
capability:
能力

■ボキャブラリー・チェック

各ページの下に語注として取り上げた単語などのうち、主なものをまとめてあります。
その言葉が用いられているニュースの文脈を思い出しながら覚えると、
語いのニュアンスや使い方も身につきます。

A

- [ ] **a bit more:** もう少し、もうちょっと P49
- [ ] **a bit of a:** ちょっとした〜、〜みたいなもの P83
- [ ] **a little bit more:** もう少しだけ、もうちょっとだけ P51
- [ ] **a minority of:** 少数の P77
- [ ] **a series of:** 一連の、何回かの P33
- [ ] **a touch of:** 少しの、ちょっとした P31
- [ ] **abbey:** 大修道院、大寺院 P33
- [ ] **abruptly:** 突然、不意に P10
- [ ] **absentee parenting:** 親業を担う者の不在、子のしつけがなされないこと P66
- [ ] **absolutely:** 間違いなく、ものすごく P52
- [ ] **accept:** 〜を受け入れる、〜に応じる P82
- [ ] **according to:** 〜によると P17, P23, P83
- [ ] **acorn:** ドングリ P31
- [ ] **act:** 行動する P10
- [ ] **act as:** 〜の役割を果たす P40
- [ ] **activity:** 活動 P69
- [ ] **actually:** 実際に、本当に、実は、実のところ P41, P46, P68
- [ ] **additional:** さらなる、追加の P22
- [ ] **adieu:** さようなら P35
- [ ] **admit that:** 〜ということを認める P27
- [ ] **aging:** 年老いた、高齢の P09
- [ ] **agree:** 同意する、賛成する P25
- [ ] **aisle:** (劇場などの)廊下、(教会の)側廊 P33
- [ ] **all across the country:** 国じゅうで、全国で P75
- [ ] **allegation:** (不確実な)主張、申し立て P16
- [ ] **allegedly:** 伝えられるところでは P57
- [ ] **allow...to be:** …が〜であるのを許す、認める P59
- [ ] **allowable:** 許される、許容可能な P23
- [ ] **alternative plan:** 代案、代替案 P10
- [ ] **amazing:** すごい、素晴らしい P33
- [ ] **ambiguity:** あいまいさ、不確かさ P11
- [ ] **analyst:** 分析家、アナリスト P40
- [ ] **anarchist:** 無政府主義者、アナーキスト P76
- [ ] **and yet:** それにもかかわらず、けれども P80
- [ ] **anger:** 怒り、憤り P65
- [ ] **angry:** 怒った、腹を立てた P72
- [ ] **anticipated:** 期待された、待ち望まれた P30
- [ ] **antigovernment rally:** 反政府集会 P07
- [ ] **apologize:** 謝る、謝罪する P17
- [ ] **apparently:** どうやら〜らしい P82
- [ ] **appear to be:** 〜であるように見える、思われる P06
- [ ] **appear to do:** 〜するように見える、思われる P34
- [ ] **apprenticeship:** 見習い期間、修業期間 P81
- [ ] **approach:** 〜に近づく、迫る P30
- [ ] **approve of:** 〜に賛成する、〜を是認する P17
- [ ] **argument:** 議論、主張 P60
- [ ] **army:** 軍隊 P80
- [ ] **as far as someone knows:** 〜の知る限りでは P80
- [ ] **as for:** 〜に関しては、〜はどうかというと P25, P61
- [ ] **as well:** …も、…にも P51
- [ ] **as yet:** 今までのところ、まだ P16
- [ ] **assume responsibility for:** 〜の責任を負う P59
- [ ] **at least:** 少なくとも P48, P61
- [ ] **at one's own risk:** 自己責任で、危険覚悟で P09
- [ ] **at the end of the day:** 結局のところ P69
- [ ] **at the expense of:** 〜を犠牲にして、食い物にして P77
- [ ] **at the peak of:** 〜の絶頂に、真っただ中で P65
- [ ] **attempt:** 試み、努力 P07
- [ ] **attempt to do:** 〜しようと試みる、努力する P65
- [ ] **attend:** 〜に出席する、参加する P07
- [ ] **authorities:** 当局、官憲 P56
- [ ] **autocrat:** 独裁専制君主、独裁者 P09
- [ ] **automatic weapon:** 自動小銃 P58

B

- [ ] **-backed:** …に支持された、支援された P09
- [ ] **barely:** ほとんど〜ない P16
- [ ] **based on:** 〜に基づいて、〜に基づくと P15, P26
- [ ] **basic human needs:** 人間の基本的な欲求(略称BHN) P39
- [ ] **be accused of doing:** 〜したとして非難される P09
- [ ] **be akin to:** 〜と似ている、同じようなものだ P61
- [ ] **be at record levels:** 記録的な水準である P64
- [ ] **be derived from:** 〜から生じる、〜に由来する P75
- [ ] **be due:** 〜を与えられて当然である、〜を得てしかるべきである P53
- [ ] **be fit for:** 〜にふさわしい P30
- [ ] **be frustrated by:** 〜に不満を持っている P77
- [ ] **be going on:** 起こっている、進行中である P73
- [ ] **be in support of:** 〜を支持している、支援している P74
- [ ] **be introduced to:** 〜に紹介される、お披露目される P34
- [ ] **be keen to do:** しきりに〜したがっている P08
- [ ] **be left with:** (主語には)〜が残されている P81
- [ ] **be met with:** 〜に遭う、〜を受ける P17
- [ ] **be no reason to do:** 〜する理由にはならない P68
- [ ] **be obsessed with:** 〜に心を奪われている、〜で頭がいっぱいである P53

- be on one's last legs: 破滅しかけている、つぶれかけている P84
- be out of a job: 失職中である、職に就いていない P65
- be promoted to: ～に昇進する、昇級する P80
- be represented at: ～に代表を送る、出す P74
- be similar to: ～と似ている、同じようである P57
- be taken aback: 驚く、びっくりする P10, P34
- beat: ～を打ち負かす、～に勝つ P46
- beg for one's life: 命乞いする P56
- behind the scenes: 陰で、舞台裏で P84
- best-kept secret: 最大の秘密、一番の秘密 P30
- bet on...doing: …が～するほうに賭ける P32
- bill A as B: AをBとうたう、宣伝する P06
- blah, blah, blah: …などなど P65
- blame A for B: BをAのせいにする P61
- boarding school: 寄宿学校、全寮制学校 P82
- body: 遺体、死体 P56
- break from/with: ～との決別、絶交 P11, P43
- brick: ～にれんがを投げつける P68
- bride: 新婦、花嫁 P30
- bridesmaid: 花嫁付添人 P34
- bring in: ～を引き入れる、引き込む P51, P73
- Britain: 英国政府、英当局 P64
- broad: 広い、広範な P43
- brother-in-law: 義理の兄、義理の弟 P84
- burn down: ～を焼き払う、全焼させる P68
- by the way: ところで、ちなみに P26

C

- call A B: AをBと呼ぶ、称する P25
- call on...to do: …に～することを要求する P08, P17
- campaign: (目的に向かっての)作戦行動、進攻 P47
- capability: 能力 P85
- capital: 資本、資産 P77
- care: ～を気にかける、かまう P67
- cartwheel: 側転 P33
- case: 事件、裁判事件 P58
- catastrophe: 大災害、大惨事 P22
- celebrity: 有名人、著名人 P72
- ceremony: 儀式、式典 P32
- certainly: 確かに、間違いなく P46, P51
- chant: ～を繰り返し言う P34
- chaos: 無秩序、大混乱 P76
- character assassination: (有名人への)中傷、人身攻撃 P61
- cheer: ①歓声、かっさい ②拍手かっさいする、歓呼する P34, P38
- Christian: キリスト教の P08
- cite: ～を引用する、引き合いに出す P59
- citizen: 国民、市民 P75
- civilian: (軍人に対し)一般市民、民間人 P41

- clear: 明らかな、はっきりした P14
- clergyman: 聖職者、牧師 P33
- cling to: ～に固執する、しがみつく P06
- close game: 接戦、際どい勝負 P52
- coach: 監督 P49
- cog in the machine: 機械の歯車、組織の一員 P49
- collect: ～を集める、収集する P24
- colonize: ～を植民地化する P59
- come into disfavor with: ～に嫌われる、不評を買う P82
- come out: 登場する、現れる P74
- come together: 団結する、一体となる P48
- commitment: 誓い、約束 P43
- community: 共同体、地域社会 P67
- compared to: ～と比較して、～に比べて P81
- complete: 完全な、まったくの P43
- complex: 複合施設 P24
- complicated: 複雑な、処理の困難な P43
- concentration of wealth: 富の集中 P77
- concerns about: ～に対する懸念、心配 P77
- concerted: 協調した、一致した P48
- condo: = condominium 分譲マンション、コンドミニアム P83
- confirmation: 確証、裏づけ P06
- confluence: 合流 P77
- confuse: ～を混乱させる、困惑させる P19
- confused: 混乱した、困惑した P19
- congregation: 集まった人々、会衆 P30
- Congress: 議会、国会 P26
- conscience: 良心、分別 P59
- conservative: 保守的な P77
- consider: ～を考慮に入れる P15
- consider A (to be) B: AをBとみなす、考える P83
- consistently: 首尾一貫して、常に P23
- consolidate: ～を強固にする、強化する P57
- containment vessel: 格納容器 P26
- continue: ①続く ②～を続ける P61
- continue with: ～にこだわり続ける P61
- contrary: 反対の、逆の P60
- cooling plant: 冷却装置、冷房設備 P24
- core: (原子炉の)炉心 P26
- corporate: 企業の、法人の P72
- correctly: 正しく、正確に P26
- corruption: 腐敗、汚職 P40
- countrywide: 全国的な、全国規模の P64
- court: 法廷、裁判所 P58
- crack a joke: ジョークを飛ばす、冗談を言う P32
- cripple: ～の機能を損なわせる、～を壊す P24
- crippled: 機能不全の、壊れた P22
- criticism: 批判、非難 P09, P17
- crowd: 群衆、大勢の人々 P08, P34, P76
- crusader: 十字軍戦士 P58
- crushing: 圧倒的な、壊滅的な P39

■ボキャブラリー・チェック

- □ cue: 合図、きっかけ P30
- □ custom-made: オーダーメイドの、特別注文の P31

D

- □ damage: 損傷、破壊 P27
- □ damaged: 損傷した、破損した P26
- □ danger zone: 危険地帯、危険区域 P25
- □ day and night: 昼も夜も、連日連夜 P16
- □ deal with: 〜を相手にする、〜と交渉する P81
- □ decade: 10年間 P10, P38
- □ decent: まともな、きちんとした P59
- □ decide: 〜を決める、決定する P15
- □ deconstruct: 〜を解体する P59
- □ deed: 行為、行動 P43
- □ definitely: 確実に、明確に P66
- □ delay: 〜を遅らせる、先延ばしにする P23
- □ delighted: 大喜びした、うれしそうな P52
- □ demand: 〜を強く求める、要求する P09
- □ democracy: 民主主義 P75
- □ demographically: 人口統計学的に P57
- □ demonstration: デモ P72
- □ deny: 〜を否定する、否認する P42
- □ describe: 〜を描写する、説明する P73
- □ describe A as B: AをBと言い表す、評する P59
- □ designate A B: AをBに指定する、選定する P22
- □ destruction: 破壊 P14
- □ destructive: 破壊的な P14
- □ devastating: 壊滅的な、破滅的な P50
- □ diamond-encrusted: ダイヤモンドをちりばめた P31
- □ diplomatic cable: 外交電報、外交公電 P83
- □ disaster: 災害、惨事 P25
- □ dissent: 異議、反対意見 P07
- □ district: 地区、区域 P22
- □ do something: 何とかする、何か対策を講じる P65
- □ downfall: 滅亡、崩壊 P11
- □ downplay: 〜を控えめに扱う、軽視する P23
- □ drastic: 徹底的な、思い切った P80
- □ draw: ①〜を描く ②〜を引き出す P58
- □ dynasty: 王朝、王家 P82

E

- □ earn: (金を)稼ぐ、もうける P39
- □ earthquake: 地震 P14, P50
- □ effect: (目的などを)達成する P84
- □ effective: 効果のある、効果的な P42
- □ effeminate: 〈男が〉女のような、繊細な P83
- □ effort: 努力、試み P48, P60
- □ elder: 年長の、年上の P80
- □ element: 構成要素、構成分子 P85
- □ elevate: 〜を高める、〜の程度を上げる P80
- □ emotion: 感情 P52
- □ end: 〜を終わらせる、やめる P10
- □ Energy Secretary: エネルギー省長官 P26
- □ engage in: 〜に従事する、携わる P69
- □ enigma: 不可解な人・もの P80
- □ ensure that: 〜ということを確実にする P69
- □ erupt: どっとわき立つ、爆発する P34
- □ escape: 〜を逃れる、免れる P17, P56
- □ establishment: 権力層、上位層 P43
- □ estimate: 〜を見積もる、推定する P27
- □ evacuation: 避難、立ち退き P22
- □ evidence: 証拠、形跡 P14
- □ excitement: 興奮 P35
- □ exclusion zone: 立ち入り禁止区域 P22
- □ execute: 〜を処刑する、殺す P56
- □ expect...to do: …が〜することを期待する、…がきっと〜するだろうと思う P46
- □ experience: 〜を経験する、実際に〜になる P27
- □ expert: 専門家 P23, P60
- □ explain: 〜を説明する P65
- □ explosion: 爆発 P24
- □ expose: 〜をさらす、露出させる P24
- □ exposure: (放射線の)被ばく P23
- □ extensively: 大々的に、広範囲にわたって P59
- □ extremism: 過激主義 P38
- □ extremist: 過激主義の、過激派の P39, P60

F

- □ fact that: 〜という事実、〜ということ P52
- □ fail: 故障する、壊れる P26
- □ fail to do: 〜できない、〜し損なう P39
- □ Fair enough.: 《話》それで結構だ、同意するよ P68
- □ fall asleep: 眠りに落ちる、居眠りする P32
- □ fall on deaf ears: 聞き流される、無視される P61
- □ fall to: 〈仕事などが〉〜の肩にかかる P83
- □ family affair: 家族行事、身内だけの集まり P32
- □ family crest: 家紋 P31
- □ far: はるかに、ずっと P07, P22
- □ fast-developing: 急速に発展している P85
- □ father-in-law: 義父、しゅうと P32
- □ feed upon: 〜を餌に成長する P60
- □ filmmaker: 映画監督 P74
- □ final: 決勝戦 P50
- □ final competition: 決勝トーナメント P46
- □ final stretch: (競走などの)最後の直線コース、最後の区間 P30
- □ find one's voice: 思い切って言う、声を上げる P06
- □ find refuge: 難を逃れる、避難する P56
- □ flare up again: (紛争などが)急激に再燃する、(病気などが)急に再発する P69
- □ focus on: 〜に注目する、焦点を当てる P16
- □ follow: 後に続く、結果として起こる P68
- □ food, clothing, shelter: 衣食住 P39
- □ football: 《英》サッカー P48
- □ forces: 軍隊 P38
- □ forgive: 〜を許す、勘弁する P18

- forgotten: 忘れられた P38
- four-star general: 4つ星の将軍、大将 P81
- frame: 〜を組み立てる、形づくる P23
- frustration: 失望、欲求不満 P66
- fuel: 〜をたきつける、あおる P39
- full-time: ①専任で、常時 ②常勤の、専任の P48
- fumble: まごつく、対応し損なう P09
- futile: 無駄な、効果のない P06

G

- gang: 非行集団、ギャング P66
- gap: 隔たり、格差 P64
- gather: 集まる、集合する P77
- gear up for: 〜の準備を整える P72
- general: 将軍、大将 P84
- get:（相手の言ったことなどを）理解する、分かる P67
- get...back under control: …を鎮圧する、正常に戻す P76
- get behind: 〜を後援する、支持する P53
- get...done: …をやり終える、やり遂げる P43
- get one's point across: 言いたいことを伝える、真意を分かってもらう P67
- get out of: 〜から出て行く、去る P11
- get shot: 銃で撃たれる、射殺される P68
- get the brunt of: 〜の矛先を向けられる、〜の矢面に立つ〈bear the brunt of のほうが一般的〉 P65
- get this far: ここまでのことを成し遂げる P46
- give A a sense of B: AにBの感じを伝える P51
- give a signal that: 〜だというサインを出す、〜ということを伝える P46
- go and do:《話》愚かにも〜してしまう P68
- go down in history: 歴史に残る P35
- go down to the wire:〈勝負などが〉最後の最後まで予断を許さない、大接戦が続く P52
- go global: 世界的になる、国際化する P76
- go off:〈事が〉進む、行われる P32
- go on: 〜に基づく、〜で判断する P81
- go on to do: 次に〜する、続いて〜する P47
- gone: ①いなくなった、姿を消した ②死んだ、亡くなった P07, P38
- governance: 支配、統治 P43
- government: 政府 P69
- grandpa: おじいちゃん P08
- greed: 強欲、どん欲さ P73
- greenhouse: 温室 P60
- grief: 深い悲しみ、悲嘆 P57
- grim reality: 厳然たる事実、過酷な現実 P14
- groom: 新郎、花婿 P30
- Ground Zero: グラウンドゼロ（9・11テロで崩壊した世界貿易センターの跡地）P73
- group stage: グループリーグ P47

H

- handle: 〜に対処する、〜を処理する P17
- hardly: ほとんど〜ない P38
- have a thick skin: 神経が図太い、面の皮が厚い P07
- have an affinity for: 〜が好きである P82
- have had it: もううんざりだ、もうたくさんだ P75
- have little to do with: 〜とほとんど関係がない P41
- have the votes: 多くの有権者の支持を得ている、多数派である P75
- head up: 〜を率いる、〜の長を務める P16
- hide: ①〜を隠す、隠ぺいする ②隠れる、身をひそめる P18, P56
- high-street: 大通りの、繁華街の P64
- hit rock bottom: どん底に落ちる、最悪に至る P11
- holder: トロフィー保持者、前回優勝者 P47
- honestly:《間投詞的》本当に、まったく P11
- hooligan: 不良、チンピラ P67
- hooliganism: 不良行為、無法行為 P64
- host: 主催国、開催国 P47
- household: 家庭、世帯 P22
- huddle: 体を丸める、うずくまる P56
- huge: 大規模な、巨大な P15
- human rights activist: 人権活動家 P38
- hypothesis: 仮説、仮定 P23

I

- I mean: つまり、言いたいのは P10
- ignore: 〜を無視する、黙殺する P09, P38
- illegal: 違法な、非合法の P69
- illiterate: 読み書きのできない P39
- illustration: 例、実例 P38
- imagine: 〜を想像する、思い描く P84
- imam:（イスラム教の）導師、指導者 P08
- in fact: 実際には、本当は P27
- in on the discussion: 議論に参加して、話に加わって P51
- in the background: 背後で、裏で P73
- in the end: 結局、最後には P52
- in the hands of: 〜の手に、手中に P77
- in the shadows of: 〜のすぐ近くに、〜に接近して P73
- include: 〜を含める、参加させる P72
- including: 〜を含めて、〜などの P74
- increasingly: ますます、だんだん P09
- incredible: 信じられないほど素晴らしい、すごい P53
- incredibly: 信じられないことだが P49
- indicate that: 〜ということを示す、指摘する P15
- inequality: 不公正、不平等 P72
- infiltrate: 〜に潜入する、こっそり入り込む P76
- infiltrator: 侵入者、潜入者 P76
- injunction: 禁止令 P69

■ボキャブラリー・チェック

- [ ] innocent: 罪のない、無実の P41
- [ ] inspiration: ①激励、鼓舞　②ひらめき、啓示 P52, P59
- [ ] inspire: ～を鼓舞する、奮起させる P51
- [ ] inspiring: 鼓舞的な、人を元気づける P53
- [ ] instead: その代わりに、それよりむしろ P16
- [ ] institute: 研究機関、研究所 P15
- [ ] intensify: ～を強める、～の度を増す P40
- [ ] interests: 利益、権益 P10
- [ ] invasion: 侵略、侵攻 P42
- [ ] ironically: 皮肉にも、皮肉なことに P42
- [ ] isolated: 孤立した、孤独な P60
- [ ] issue: (命令・法令を)出す、発する P69
- [ ] it appears that: ～のように見える、～と思われる P33
- [ ] it takes A for B to do: Bが～するのにA(時間など)を必要とする P25

J

- [ ] jihad: (イスラム教の)聖戦、ジハード P42
- [ ] judge: 裁判官、判事 P58
- [ ] judge A B: AをBだと判断する、判定する P25
- [ ] justify: ～を正当化する P68

K

- [ ] keep...from doing: …に～させない、…が～するのを防ぐ P10
- [ ] key: かぎ、秘けつ P50
- [ ] key player: 重要人物、中心的人物 P84
- [ ] kick-start: ～を動き始めさせる、～にはずみをつける P47
- [ ] killing spree: 殺しまくること、無差別殺人 P56
- [ ] Knights Templar: テンプル騎士団の一員 P58
- [ ] know right from wrong: 善悪の判断がつく、分別がある P66

L

- [ ] labor union: 労働組合 P72
- [ ] Labour Party: 労働党 P58
- [ ] lack: ～を欠いている P74
- [ ] largely: 大部分は、大体は P06, P38
- [ ] latest: 最新の、最近の P74
- [ ] lax: 緩い、手ぬるい P23
- [ ] layer of earth: 地層 P15
- [ ] lead the charge: 先頭に立って非難する、攻撃する P59
- [ ] lead to: ～につながる、～という結果をもたらす P40, P66, P77
- [ ] leaderless: リーダーのいない、指導者なしの P74
- [ ] leadership: ①《the ～》指導者層　②指導力 P83
- [ ] lean over: 身を乗り出す、体を寄せる P32
- [ ] line: 路線、方針 P58
- [ ] link A to B: AをBに関連づける、結びつける P61
- [ ] link to: ～とのつながり、結びつき P42
- [ ] live: 生中継の、ライブの P73
- [ ] live on: 生き続ける P38
- [ ] livelihood: 生活、生計の手段 P39, P68
- [ ] Look at you.: その態度は何だ、何をしているんだ P67
- [ ] loose nukes: 流出核、核の流出 P85
- [ ] looting spree: 略奪しまくること、略奪騒ぎ P64
- [ ] lose to: ～に負ける、敗れる P46

M

- [ ] magnificent: 素晴らしい、見事な P47
- [ ] maintain: ～を維持する、保持する P42
- [ ] make a mistake: ミスをする、過ちを犯す P18
- [ ] make one's way: 進む、向かう P33
- [ ] mandatory: 強制的な P22
- [ ] manifesto: 声明文、宣言書 P57
- [ ] march: ①行進、デモ行進　②デモ行進する P06, P72
- [ ] mash up:《話》～をぶっつぶす、ぶっ壊す P67
- [ ] mass movement: 大衆運動 P09
- [ ] mass murder: 大量殺人、大量殺りく P57
- [ ] massacre: 大量虐殺、皆殺し P56
- [ ] mass-import: ～を大量輸入する P59
- [ ] match: ①～と一致する、合致する　②試合、競技 P43, P51
- [ ] measure: 処置、措置 P69
- [ ] melt: (心を)とろけさせる、和ませる P32
- [ ] meltdown: (原子炉の)炉心溶融、メルトダウン P24
- [ ] mention: ～について触れる、言及する P16, P59
- [ ] methodically: 整然と、系統立てて P56
- [ ] middle-class: 中流階級の、中産階級の P07
- [ ] might as well: ～したほうがましだ P67
- [ ] militant: ①好戦的な人　②好戦的な P42
- [ ] military: ①軍の、軍事的な　②《the ～》軍隊 P41, P82
- [ ] millions of: 何百万もの、非常に多数の P75
- [ ] mindset: 考え方、ものの見方 P38
- [ ] minimum: 最低限の、最小限の P39
- [ ] miscalculate: ～の計算を間違える P19
- [ ] modern-day: 現代の、今日の P58
- [ ] mosque: イスラム教寺院、モスク P59
- [ ] most: 大部分の人たち、大半の人 P11
- [ ] mouth: ～と口を動かす、口の動きで伝える P34
- [ ] movement: 運動、活動 P74
- [ ] MP: = member of parliament　下院議員、国会議員 P66
- [ ] multiply by: ～をかける、～倍する P07
- [ ] murder: ～を故意に殺す、謀殺する P56
- [ ] murderous: 殺人の、殺意のある P61
- [ ] Muslim: イスラム教の、イスラム教徒の P08, P40

N

- National Security Council:《米》国家安全保障会議 P81
- national team: 国の代表チーム P49
- national unity: 国の結束、挙国一致 P08
- nearby: すぐ近くに、近隣に P25
- neighboring: 隣の、隣接した P38
- nervous: 神経質な、緊張した P32
- never, ever: 絶対に〜ない、決して〜ない P08
- newlyweds: 新婚夫婦、新郎新婦 P34
- Nobel-laureate: ノーベル賞を受賞した P26
- nonspecific: 具体的でない、漠然とした P72
- nonviolently: 非暴力的に P75
- not care: 〜を気にしない、かまわない P35
- not necessarily: 必ずしも〜でない P26
- note: 〜に言及する、〜を指摘する P26
- notice: 〜に気づく、注目する P23, P30
- nuclear: 原子力の、原子炉の P22
- nuclear power plant: 原子力発電所、原発 P14
- nuclear-safety agency: 原子力安全機関、原子力安全・保安院 P27
- nuclear-weapons: 核兵器の P85
- nuptials: 結婚式、婚姻の儀 P30

O

- oblige: 願いを受け入れる、恩恵を施す P35
- occupation: 占領 P41
- occupy: 〜を占拠する、占領する P76
- occur: 起こる、発生する P15
- of the essence: 最も重要な、不可欠の P57
- Office for/of National Statistics:《英》国家統計局 P65
- officials: 当局 P27
- on the part of: 〜の側に、〜の方で P43
- on the side: 本業とは別に、副業として P48
- once: かつて、以前は P06
- opportunity: 機会、チャンス P39
- oppose: 〜に反対する、異議を申し立てる P72
- opposition: 反対、敵対 P60
- oppression: 圧政、圧制 P42
- option: 選択、選択肢 P82
- order: 命令、指示 P82
- organization: 組織、組織化 P74
- originally: 当初に、最初に P27
- oust: 〜を追い出す、排除する P43
- outnumber: 〜より数が多い P07
- outplay: 〜に技で勝る、プレーで勝る P50
- overhear: 〜をふと耳にする、漏れ聞く P33
- overwhelm: 〜を圧倒する、〜に圧勝する P57

P

- pack up and leave: 荷物をまとめて出ていく P41
- paraphrase: 〜を言い換える、意訳する P58
- partial: 部分的な P24
- partly because: ひとつには〜という理由で P81
- passage: （文などの）一節、ひとくだり P57
- patience: 忍耐、我慢 P06
- peace and quiet: 安らぎ、平穏 P35
- peacefully: 平和的に、穏やかに P75
- perception: 認識、ものの見方 P40
- perseverance: 忍耐力、粘り強さ P50
- physicist: 物理学者 P26
- picture:（テレビ・映画の）画面、画像 P50
- pit A against B: A と B を闘わせる、対抗させる P09
- play against: 〜と対戦する P49
- play: ①〜と試合をする ②競技を行う P47
- pleased: 喜んだ、満足している P33
- point to: 〜を指摘する、〜に注意を向ける P64
- politics: 政治、政治的見解 P61, P77
- poll: 世論調査 P17
- poorly: 乏しく、不十分に P07
- population:（一定地域の）全住民、人々 P06
- pore over: 〜をじっくり読む、詳しく調べる P57
- pose: ポーズをとる P58
- positive: 楽天的な、明るい P53
- possibility: 可能性 P85
- possible: 可能性のある、考えられる P25
- post A on B: A を B に投稿する、載せる P58, P83
- poverty: 貧困、貧乏 P39
- power company: 電力会社 P18
- predict: 〜を予想する、予測する P14
- preparation: 準備、備え P17
- prepare for: 〜に備える P81
- prepare A for B: A に B の準備をさせる P80
- presence:（外国軍の）駐留 P40
- press conference: 記者会見 P16
- pretty: かなり、相当 P46
- previously: 以前に P15
- priest: 司祭、牧師 P08
- prime minister: 首相、総理大臣 P66
- probably: おそらく、たぶん P68
- professional: ①専門職、知的職業人 ②プロ的な、プロらしい P07, P49
- professionally: プロとして、専門的に P48
- profile: 注目度、目立ち具合 P80
- promotion: 昇進、昇格 P80
- protect: 〜を守る、保護する P15
- protest: ①異議を唱える、抗議する ②抗議 P18, P74
- protest over: 〜に対する抗議運動 P64
- protester: 抗議者 P07, P72
- proud: 誇りにしている、自慢の P51
- provide: 〜を提供する、与える P39, P60
- public park: 公共公園 P73
- put A into B: A（金など）を B に投入する P48

■ボキャブラリー・チェック

Q
- [ ] **quarterfinal**: 準々決勝 P47
- [ ] **queen mother**: 皇太后 P31
- [ ] **quote**: 〜の言葉を引用する P83

R
- [ ] **radiation**: 放射線、放射性物質 P19, P23
- [ ] **radioisotope**: 放射性同位体、放射性同位元素 P23
- [ ] **rally around**: 〜の周りに集まってくる、〜のもとに結集する P53
- [ ] **rallying point**: （さまざまな考えなどの）結集点 P40
- [ ] **ramifications**: （派生的に起こる）結果 P77
- [ ] **rampage**: 激しい暴力行為、凶行 P61
- [ ] **rank**: 地位、身分 P80
- [ ] **rant**: 大言壮語、わめくこと P57
- [ ] **rarely**: めったに〜ない、まれに P16
- [ ] **rather**: かなり、ずいぶん P80
- [ ] **reach**: （状態などに）至る、達する P11
- [ ] **reactor**: 原子炉 P19, P22
- [ ] **recall that**: 〜ということを思い出す P24
- [ ] **reclaim**: 〜を立ち直らせる、更正させる P64
- [ ] **recommend**: 〜を勧める、勧告する P22
- [ ] **reconstruction**: 再建、復興 P73
- [ ] **regime**: 政権、政府 P81
- [ ] **region**: 地域 P40
- [ ] **reject**: 〜を拒絶する、受け入れない P42
- [ ] **relax**: リラックスする、くつろぐ P32
- [ ] **repeatedly**: 繰り返して、何度も P17
- [ ] **represent**: ①〜を表す、象徴する ②代表する、〜の代表者になる P31, P49
- [ ] **research**: ①〜を研究する ②研究 P15
- [ ] **researcher**: 調査員、研究者 P14
- [ ] **resentment**: 不満、うっぷん P69
- [ ] **resistance**: 抵抗、抵抗力 P57
- [ ] **resounding**: 明白な、決定的な P06
- [ ] **respond to**: 〜に応答する、反応する P16
- [ ] **rest assured that**: 間違いなく〜なので安心する P32
- [ ] **reveal**: 〜を公開する、明らかにする P30
- [ ] **reveal that**: 〜であることを明らかにする、公表する P27
- [ ] **revise**: 〜を訂正する、修正する P19
- [ ] **right-wing**: 右翼の、右派の P60
- [ ] **riot**: 暴動を起こす、暴動に加わる P66
- [ ] **riot police**: （暴動を鎮圧する）機動隊 P76
- [ ] **rise up**: 立ち上がる、奮起する P75
- [ ] **roast dinner**: ロースト料理の夕食 P65
- [ ] **rogue**: はみだし者の、不良の P85
- [ ] **rollercoaster**: （ジェットコースターのように）浮き沈みの激しいもの P52
- [ ] **root cause**: 根本的原因、真の原因 P38
- [ ] **ruin**: 〜を破壊する、台無しにする P68
- [ ] **rule**: 支配する、統治する P08
- [ ] **ruler**: 支配者、統治者 P11
- [ ] **ruling**: 与党の P58
- [ ] **rumblings**: うわさ P84

S
- [ ] **safety committee**: 安全委員会、保安委員会 P15
- [ ] **scene**: 状況、情勢 P73
- [ ] **seal the deal**: 契約に調印する、取引を固める P34
- [ ] **seismic**: 地震の P14
- [ ] **seismologist**: 地震学者 P15
- [ ] **senior adviser**: 上級顧問 P81
- [ ] **separately**: 単独に、別個に P22
- [ ] **set off**: 〜を引き起こす、誘発する P24
- [ ] **set...on fire**: …に火をつける、放火する P76
- [ ] **set up**: 〜を設定する、設置する P22
- [ ] **sew**: 〜を縫う、縫い合わせる P31
- [ ] **share**: 〜を共有する、同じように持つ P60
- [ ] **shock**: 衝撃、ショック P47
- [ ] **shooting**: 射撃、発砲 P64
- [ ] **shut down**: 〜を閉鎖する、遮断する P06
- [ ] **silence**: 〜を黙らせる、〜の口を封じる P61
- [ ] **silly**: ばかな、愚かな P68
- [ ] **situation**: 状況、事情 P18
- [ ] **skeptic**: 懐疑論者、疑い深い人 P42
- [ ] **sleeping bag**: 寝袋 P73
- [ ] **so as not to do**: 〜しないように P17
- [ ] **so-called**: いわゆる P85
- [ ] **solidify**: 〜を強固にする、強化する P84
- [ ] **solve**: 〜を解決する P69
- [ ] **soon-to-be**: すぐに〜になる見込みの P32
- [ ] **spent fuel**: 使用済み燃料 P24
- [ ] **spew out**: 〜を吐き出す、噴出する P27
- [ ] **spread to**: 〜に広がる、波及する P72
- [ ] **spy agency**: 諜報機関 P42
- [ ] **St. Paul's Cathedral**: セントポール大聖堂 P76
- [ ] **start out as**: 〜として活動を始める、出発する P72
- [ ] **State Landau carriage**: 儀式用ランドー馬車 P33
- [ ] **stay away**: 離れている、避ける P60
- [ ] **stay indoors**: 家に閉じこもる、外出しない P25
- [ ] **stay up late**: 夜更かしする P73
- [ ] **stifle**: （反乱などを）抑える、抑制する P07
- [ ] **stock exchange**: 証券取引所 P77
- [ ] **stop...from doing**: …が〜するのを止める、防ぐ P69
- [ ] **strategic**: 戦略的な、戦略上の P10, P81
- [ ] **strategy**: 戦略、方略 P42
- [ ] **stress**: 〜を強調する、重視する P08
- [ ] **struggle**: 闘争、苦闘 P61
- [ ] **stubbornly**: 頑強に、断固として P06
- [ ] **subdued**: 大人しい、控えめな P06
- [ ] **sufficient**: 十分な、満足な P57
- [ ] **support**: 支持、支援 P10
- [ ] **surely**: 必ず、きっと P52

- surface: 表面化する、表に出てくる P57
- surprisingly: 驚いたことに、意外にも P31
- suspect that: 〜ではないかと疑う P42

T
- take a stand: 態度を明確にする、立場を公言する P09
- take action: 行動を取る、対策を講じる P18
- take control of: 〜を支配する、掌握する P85
- take place: 行われる、開催される P74
- take time: 時間がかかる、時間を要する P43
- take...in: …をひと目で把握する、頭に入れる P35
- Taliban: タリバン（アフガニスタン内戦で生まれたイスラム武装勢力）P41
- Talibanization: タリバン化 P43
- tap: 〜を選ぶ、指名する P82
- target: 〜を狙う、的にする P58
- tear gas: 催涙ガス P76
- tend to be: 〜になる傾向がある P83
- tend to do: 〜する傾向がある P60
- TEPCO: = Tokyo Electric Power Company, Incorporated　東京電力株式会社、東電 P14
- terrific: 恐ろしいほどの、ものすごい P47
- terrifying: 恐ろしい、恐怖の P56
- terrorism: テロ、テロ行為 P56
- testify before: 〜の人々の前で証言する、〜で証言する P26
- the best seat in the house: 特等席 P35
- the country: 国に属する人々、国民 P34
- the Duchess of Cambridge: ケンブリッジ公爵夫人（キャサリン妃に贈られた称号）P35
- the heart of: 〜の中心、心臓部 P76
- the hell:《卑俗な強意語》絶対に、とにかく P11
- the lack of: 〜の欠如、不足 P39
- the late: 亡き〜、故〜 P84
- the majority of: 〜の大多数、大半 P75
- the nation:《集合的、単数・複数扱い》国民 P53
- the public: 一般大衆、国民 P17
- the unthinkable: 考えられないこと、思いも寄らないこと P35
- the worst: 最悪の、最も悪い P25
- the youth: 若者たち、若者層 P08
- theme: 主題、テーマ P08
- throughout: 〜の間じゅう P16
- tough: 厳格な、厳しい P69
- trace amounts of: 微量の P23
- transition: 変遷（へんせん）、移行 P84
- transparent: 透明な、隠し立てのない P17
- treason:（国家への）裏切り、反逆 P59
- trigger: 〜の引き金を引く、〜を誘発する P64
- trust: 信頼、信用 P17
- tsunami: 津波 P50
- tsunami wave: = tsunami　津波 P24
- turbine room: タービン室、タービン建屋 P19
- turn around: 振り向く、振り返る P35
- turnout: 人出、出席者数 P76
- twice: 2倍に、倍増して P27
- tyranny: 独裁者的振る舞い、横暴 P18

U
- uncertainty: 不確かさ、不安定 P85
- underdog: かませ犬、勝ち目のない人 P46
- unemployed: 仕事のない、無職の P72
- unemployment: 失業、失業率 P64
- unfair: 不公平な、公正でない P61
- unity: 結束、団結 P53
- upper: 上の、上位の P75

V
- victim: 犠牲者、被害者 P56, P66
- victory: 勝利 P46
- view A as B: AをBとみなす、考える P42
- violence: 暴力、暴力行為 P65
- voice: 〜を声に出す、表明する P77

W
- wage war with: 〜と戦う、戦争する P40
- warn that: 〜だと警告する、注意する P23
- warn...that: …に〜だと警告する、注意する P14
- Washington: アメリカ政府 P09
- watch closely: 〜を一心に見る、よく見る P34
- water cannon:（暴徒鎮圧用の）放水銃 P76
- well and truly: 完全に、疑いようもなく P11
- What's the point in doing?: 〜して何の意味があるのか、何になるのか P67
- whatever: そのほか何でも、とか何とか P65
- whisper: ささやく、小声で話す P30
- widen: 〜を広くする、広げる P25
- widespread: 広く行き渡った P82
- win: 〜に勝つ、優勝する P46
- with A and B combined: AとBが組み合わさると P18
- with one's back to: 〜に背を向けて P30
- with the help of: 〜の支援を受けて P74
- withdrawal: 撤退、撤兵 P43
- without a hitch: 滞りなく、順調に P32
- worrisome: 厄介な、心配な P80
- worry: 〜を懸念させる、心配させる P84
- wreak A on B: A（危害など）をBに加える P14
- wrestle: 〜ととっ組み合う、格闘する P32

Y
- yawning: 大きく開いた P64
- yet: それでも、それにもかかわらず P27
- youth: 若者、青年 P64

電子書籍版 (PDF) の入手方法

本書のご購入者は、下記 URL から申請していただければ、本書の電子書籍版(PDF)を無料でダウンロードすることができるようになります。PDF ファイルが開けるタイプのポータブルオーディオプレーヤーやスマートフォンに音声データとともに入れておけば、外出先に本を持ち歩かなくても内容を文字で確認することができて便利です。

申請サイト URL

http://www.asahipress.com/top2011/

【注意】
- PDF は本書の紙面を画像化したものです。電子書籍版に音声データは含まれません。音声データは本書付録の CD をご利用ください。
- 本書初版第 1 刷の刊行日 (2012 年 3 月 10 日) より 1 年を経過した後は、告知なしに上記申請サイトを削除したり電子書籍版 (PDF) の配布をとりやめたりする場合があります。あらかじめご了承ください。

[ライブ CD ＆電子書籍版付き]
世界 10 大ニュース・リスニング from CNN 2011

2012 年 3 月 10 日 初版第 1 刷発行

編　集	『CNN English Express』編集部
発行者	原 雅久
発行所	株式会社 朝日出版社
	〒 101-0065 東京都千代田区西神田 3-3-5
	TEL: 03-3263-3321　FAX: 03-5226-9599
	郵便振替 00140-2-46008
	http://www.asahipress.com（PC）http://asahipress.jp（ケータイ）
	http://twitter.com/asahipress_com（ツイッター）
印刷・製本	凸版印刷株式会社
DTP	有限会社 ファースト
音声編集	ELEC（財団法人 英語教育協議会）
装　丁	岡本 健＋阿部太一（岡本健＋）

Ⓒ Asahi Press, 2012 All rights reserved. Printed in Japan　ISBN978-4-255-00636-9 C0082

CNN name, logo and all associated elements TM and Ⓒ 2012 Cable News Network. A TimeWarner Company. All rights reserved.

リスニングの進化が実感できる英語学習誌!

CNN ENGLISH EXPRESS

CNNライブ収録CD付き／毎月6日発売／定価1,400円(税込)

毎月この1冊で英語が聴ける、世界が変わる!

英語が楽しく続けられる!

重大事件から日常のおもしろネタ、
スターや著名人のインタビューなど、
CNNの多彩なニュースを
生の音声とともにお届けします。
3段階ステップアップ方式で
初めて学習する方も安心。
どなたでも楽しく続けられて
実践的な英語力が身につきます。

定期購読をお申し込みの方には
本誌1号分無料ほか、特典多数。
詳しくは下記ホームページへ。

資格試験の強い味方!

ニュース英語に慣れれば、TOEIC®テストや英検の
リスニング問題も楽に聞き取れるようになります。

CNN ENGLISH EXPRESS ホームページ

「CNN分野別キーワード1000」「CNNでTOEIC®攻略」「英語の達人インタビュー」をはじめ、
英語学習に役立つコンテンツが満載!

[本誌のホームページ] http://ee.asahipress.com/
[本誌編集部の twitter] http://twitter.com/asahipress_ee

朝日出版社 〒101-0065 東京都千代田区西神田 3-3-5　TEL 03-3263-3321